Les Éditions du CRAM

MONTRÉAL

Un couple fort, une famille unie

YVAN
PHANEUF

Un couple fort, une famille unie

Les Éditions du CRAM

1030 Cherrier, bureau 205,
Montréal, Qc. H2L 1H9
514 598-8547

www.editionscram.com

Révision et correction
Hélène Bard

Conception graphique
Alain Cournoyer

Photomontage de la couverture
A. Cournoyer / source : iStockPhoto

Dépôt légal – 3ème trimestre 2009
Bibliothèque et Archives nationales du Québec
Bibliothèque nationale du Canada

Les Éditions du CRAM reconnaissent l'aide financière du gouvernement du Canada par l'entremise de son Programme d'aide au développement de l'industrie de l'édition (PADIÉ) pour ses activités d'édition, et remercient également le Conseil des Arts du Canada pour son soutien financier dans le cadre de son programme de subvention globale. Gouvernement du Québec – Programme de crédit d'impôt pour l'édition de livres – Gestion SODEC.

Conseil des Arts du Canada — Canada Council for the Arts

Société de développement des entreprises culturelles — Québec

Patrimoine canadien — Canadian Heritage

Distribution au Canada : Diffusion Prologue

Distribution en Europe : DG Diffusion (France) ; Caravelle S.A. (Belgique) ; Servidis (Suisse)

Catalogage avant publication de Bibliothèque et Archives nationales du Québec et Bibliothèque et Archives Canada

Phaneuf, Yvan, 1964-

Un couple fort, une famille unie

(Collection Psychologie) Comprend des réf. bibliogr.

ISBN 978-2-923705-00-2

1. Couples. 2. Famille. 3. Relations entre hommes et femmes. I. Titre. II. Collection: Collection Psychologie (Éditions du CRAM).

HQ734.P42 2009 306.7 C2009-941821-5

Imprimé au Canada

À *Dahlia, ma fille,*

conçue et éduquée non dans la perfection,

mais par amour et pour l'amour.

Avec tout mon cœur et toutes mes émotions.

Remerciements

Mes premiers remerciements vont, comme lors de mon premier livre, à madame Colette Portelance, créatrice de l'approche non directive créatrice^{MD} (ANDC^{MD}). Je lui suis fidèle depuis longtemps et c'est pourquoi je lui exprime ici toute ma reconnaissance pour son œuvre si brillante ; madame Portelance a participé à la construction de mon bonheur, autant par ses enseignements que par le modèle de couple et de famille que l'on peut suivre, qui fut essentiel à la construction de ma propre vie de couple – aujourd'hui nourrissante et solide –, ainsi qu'à la construction de l'unité familiale que nous avons construite, ma conjointe, ma fille et moi.

Je remercie aussi sincèrement madame Madeleen Dubois, auteure et conférencière réputée dans le domaine de la spiritualité et de la pensée positive, pour sa générosité ; elle m'a aidé à trouver ma place comme conférencier. Sans elle, il aurait été beaucoup plus difficile de m'intégrer dans le monde des auteurs et des conférenciers.

Puis, c'est avec beaucoup d'émotion que je remercie Marie-Josée, ma compagne depuis plus de vingt-six ans, pour sa capacité remarquable à rester fidèle à elle-même. Cette qualité qui la caractérise m'a poussé à me dépasser suffisamment pour construire une vie amoureuse heureuse et une vie de famille satisfaisante.

Enfin, je vous remercie tous ; en raison de l'intérêt que vous portez à mon travail, vous avez contribué à me motiver afin que je continue à m'investir davantage. Vous me poussez à aller encore plus loin.

Introduction

Je voudrais d'abord expliquer le titre que j'ai choisi, soit ***Un couple fort, une famille unie***. Il fait référence à l'effet de rayonnement du couple sur la famille, du haut vers le bas ; c'est un mouvement qui part du centre et qui rayonne dans toutes les directions, c'est-à-dire qu'il part du cœur et se propage, touchant tout ce qu'il y a autour.

Les valeurs et l'apprentissage du mode de fonctionnement personnel et relationnel irradient de la même façon, du couple vers la famille. L'influence positive suit la route du pouvoir, en partant du *plus* (les parents), vers le *moins* (les enfants), et ce, dans une perspective d'influence positive, et non d'abus de pouvoir. Dans l'optique d'une saine gestion de la vie de groupe, nous devrions retrouver ce même fonctionnement au sein du gouvernement : de la haute direction jusqu'aux employés, puis vers le peuple. En ce sens, plus un couple est fort, et plus son mode de fonctionnement est sain ; plus le couple est uni, et plus la relation est constructive, et en ce sens, plus le couple dirige l'ensemble de la famille afin qu'il s'agisse du même type de fonctionnement sain. Les valeurs sont ainsi transmises.

Vous aurez aussi remarqué la couverture du livre. Il s'agit de la représentation d'une famille, constituée d'inukshuks. Les inukshuks, comme me l'a expliqué ma conjointe, laquelle est guide en haute montagne, sont des guides, des repères, qui marquent la route à suivre lorsqu'on marche en montagne pour ne pas se perdre ou pour retrouver sa route quand on s'est égaré ; ils nous permettent d'atteindre notre but, nos objectifs.

Ainsi, ce livre vous offre une succession de repères, pour garder le cap sur la route de la réussite afin de jouir d'une vie de couple heureuse et solide, et de contribuer à l'épanouissement d'une famille unie.

Je souhaite par ailleurs ajouter une mise en garde concernant deux écueils importants, relatifs à toute forme d'enseignement : il s'agit de la fermeture ou de son opposé, le fanatisme. La fermeture, c'est refuser de voir, de regarder et de se remettre en question. Que ce soit sur les plans personnel, relationnel ou professionnel, la fermeture dilapide toutes les chances de changement et d'évolution dans le but d'atteindre les objectifs fixés. À l'origine de ce fonctionnement, on retrouve très souvent la peur de se sentir coupable, le sentiment d'infériorité, l'insécurité – toutes les peurs, en fait. C'est pourquoi je vous encourage, en lisant ce livre, à outrepasser ce mécanisme de fermeture, en faisant non seulement preuve d'ouverture d'esprit, mais aussi en vous acceptant, en vous aimant et en étant reconnaissant à votre endroit. Tout cela est nécessaire si vous souhaitez améliorer votre vie amoureuse et votre vie familiale, lesquelles vous conduiront vers le bonheur que vous recherchez.

En revanche, tomber dans le fanatisme, c'est perdre toute forme de discernement. C'est appliquer, d'une façon rationnelle et rigoureuse, une méthode qui, elle, ne l'est pas ; elle comporte trop de facteurs humains. Il est nécessaire que vous agissiez avec discernement dans l'apprentissage des enseignements transmis dans ce livre afin que vous réussissiez à les appliquer dans votre vie. Vous êtes et demeurerez la meilleure personne pour intégrer ces règles d'hygiène relationnelle dans votre vie : vous seul connaissez les *données de terrain* nécessaires pour appliquer ces enseignements. Mais peut-être aurez-vous besoin d'aide ? Parlez-en ! Peut-être avec un thérapeute en relation d'aide ; ce sont des spécialistes des relations et de la communication. Quoi qu'il en soit, je vous encourage à faire preuve d'ouverture d'esprit tout au long de votre lecture, mais sans jamais cesser de faire preuve de discernement.

Je souligne également à quel point ce thème m'émeut : il touche mes besoins affectifs primaires et mes valeurs, et me rappelle plusieurs obstacles que j'ai dû franchir afin de fonder le couple et la famille qui me rendent heureux aujourd'hui. Cela me ramène aussi aux nombreuses souffrances liées au manque et au deuil, ainsi qu'aux nombreux dépassements dont j'ai aussi été témoin en tant que formateur, animateur, conférencier et thérapeute en relation d'aide ; j'ai rencontré nombre des gens qui cherchaient à se réaliser en équilibrant leur couple et leur famille.

Il y a beaucoup de souffrances et de manques liés aux difficultés – et parfois à l'incapacité – à bâtir un couple fort et une famille unie ; c'est pour cette raison que j'ai écrit ce livre, inspiré d'une conférence que j'ai présentée lors d'un colloque de la Corporation internationale des thérapeutes en relation d'aide du Canada (CITRAC). La réaction du public avait été si vive, leur soif d'en savoir encore plus à propos de la réussite sur les plans de la vie de couple et de la famille tellement manifeste, que je suis d'abord resté surpris ; puis, j'ai été interpellé : il me fallait répondre à ce besoin criant. C'est d'abord la détresse des gens concernant leur couple qui m'a bouleversé et incité à partager mon expérience et mes connaissances, puis les commentaires de plusieurs qui me disaient à quel point je détenais des connaissances importantes, dont je devais faire profiter le plus de gens possible. Finalement, une simple parole de Colette Portelance a suffi, laquelle vint me voir et me dit : « Tu tiens là un livre, Yvan, il faudrait le sortir. » Ma décision était désormais prise, je devais mettre tout ça par écrit.

Je souhaite que ce livre vous éclaire et vous dirige sur la route de la création, parfois houleuse, d'un couple et d'une famille, dont vous avez besoin. Cette façon de faire m'a permis d'atteindre mes buts ; je souhaite que ce livre vous aide.

Je m'intéresse plus particulièrement au couple depuis un moment fort dans ma vie, alors que j'avais vingt-six ans ; je cheminais de façon instable avec la même personne depuis huit ans. Nous venions d'avoir notre fille. C'était un moment difficile – encore une fois – et nous étions en pleine remise en question sur le plan du couple. Avec la venue d'un bébé, cette remise en question me fit particulièrement souffrir. Dans mon cœur, je souffrais énormément, mais je me répétais sans cesse que je n'avais pas eu un enfant et fondé une famille pour tout abandonner. Du même coup, je me voyais confronté à des difficultés qui me dépassaient ; c'est pourquoi je réfléchissais quand même à la solution que représentait la séparation. C'est dans un ultime mouvement d'impuissance et de désespoir, une toute dernière tentative pour moi, que je me tournai vers le ciel. Je marchais sur le quai longeant le fleuve à Trois-Rivières – j'étudiais alors dans cette ville à l'Université du Québec, en psychologie. C'est souvent dans ces moments-là qu'on pense à la prière, aux forces invisibles. Je me souviens m'être fait alors la réflexion qu'il existait, paraissait-il, des pactes avec le Mal. Si cela est possible, il doit bien être possible de faire un pacte avec le Bien ! Alors, j'en ai passé un : « *Aidez-moi à comprendre le couple ; guidez-moi vers les conditions de sa réussite, afin que je puisse bâtir une famille heureuse. En échange, je ferai part de ces connaissances à autrui.* » Cette prière, je l'ai dite en m'adressant à la vie, à ce qu'il y a de plus sain sur les plans du monde de la spiritualité.

À ce moment précis, j'aurais pu choisir de quitter ma conjointe, mais j'ai décidé de *rester*.

Voilà ce que vous allez trouver dans ce livre : les clés de la réussite de mon couple et de ma famille, basées sur des années de recherches, de lectures, de cours, de formations, d'expériences d'aide auprès de différents couples, de mise en application de tous ces outils dans ma vie personnelle, et avec d'autres couples. Vous y retrouverez aussi, en bibliographie, quelques auteurs qui m'ont particulièrement inspiré lors de mes recherches : Colette Portelance, bien sûr, en raison de l'ensemble de son œuvre (ses livres, ses conférences, son école de formation, et globalement en raison du modèle qu'elle représente), Harville Hendrix, en raison de ses livres, Jacques Salomé, en raison de ses conférences, de ses ateliers et de ses écrits, Guy Corneau en raison de ses conférences et de ses livres, ainsi que le couple Ajanta (Carolle) et Serge Vidal-Graf, pour leurs livres et leurs formations.

À la lecture de ce livre, certains d'entre vous penseront peut-être qu'il est exigeant de réussir sa vie de couple, que ça demande trop, que ça devient franchement compliqué de maintenir un couple fort et une famille unie. Ce que je propose, c'est de viser la réussite, l'excellence, c'est-à-dire d'atteindre le *meilleur* – à tout le moins d'y tendre – de ce que l'on peut donner pour le bien du couple. J'ai mentionné dans ce livre les outils nécessaires pour mettre « toutes les chances de notre bord » dans le but d'atteindre un haut standard de qualité relationnelle, pour tendre vers l'amour. C'est à vous de voir quels sont vos besoins, et ce que vous êtres prêts à investir !

Un couple fort, une famille unie, des mots forts et chargés d'émotions. Je vous propose, avant d'entreprendre la lecture de ce livre, de vous arrêter au sens que ces mots ont pour vous. C'est le meilleur moyen de commencer cette lecture.

Faites une pause, puis dites chacun de ces mots plusieurs fois. Ressentez ce que ça réveille en vous sur les plans émotionnel et sensoriel ; quelles images et quelles références vous viennent à l'esprit ? Écrivez tout cela spontanément, sans vous censurer.

Couple

....

....

....

Couple fort

....

....

....

Famille

....

....

....

Famille unie

....

....

....

Couple fort, famille unie, sont des mots qui réfèrent à des besoins archaïques de base chez l'être humain, et même chez plusieurs mammifères. Ce sont des besoins liés au groupe, au clan, à la meute, à l'identité.

En écrivant la conférence dont est issu ce livre, je me suis surpris à observer notre chatte avec ses bébés. Rapidement, quelques jours à peine après leur naissance, nous vîmes qu'elle les mordillait. Nous nous demandions pourquoi, et en nous informant auprès d'un vétérinaire, nous avons appris que cela visait à les stimuler. Par la suite, nous avons vu les chatons faire de même entre eux. Il s'agissait d'un **processus d'identification**, dans le but de tracer la route de l'identité du futur chat. Puis, quelques semaines plus tard, par inadvertance et à notre insu, un chaton s'est retrouvé enfermé dans un placard. Un moment donné, j'ai remarqué que deux des chatons sentaient l'air et tournaient sans fin autour de la porte de la penderie. Me demandant ce qu'ils cherchaient, je me suis avancé et, en ouvrant la porte, le chaton prisonnier est sorti du placard. **La sécurité** du clan avait été assurée ! N'est-ce pas touchant ? **Identification et sécurité** sont les rôles du clan et de la famille.

Dans ces groupes que sont le couple et la famille, on retrouve les mêmes besoins d'identification et de sécurité ; le premier pour construire sa propre identité, et le second pour faire des expériences et grandir, et protéger notre identité par la suite.

Le besoin de sécurité touche la base, l'équilibre ; c'est un propulseur qui favorise l'*autocréation* de chacun, c'est-à-dire que la sécurité apportée par la famille favorise la confiance nécessaire pour créer notre identité, pour créer notre propre vie à partir de ce que nous sommes.

La sécurité assurée par le couple fort et la famille unie, c'est le pot dans lequel on dépose la terre fertile où pousse la plante, comme le dit madame Portelance dans *Aimer sans perdre sa liberté*[1]. La terre fertile représente les conditions gagnantes que je présente dans ce livre.

C'est cette fonction de *réceptacle* que le couple et la famille doivent remplir : l'identification et la sécurité pour que les plantes poussent, grandissent et s'épanouissent, dans le respect de leur propre nature.

Néanmoins, nous savons que toute famille n'apporte pas nécessairement la sécurité à ses membres et ne permet pas à ceux-ci de s'identifier sainement à la cellule familiale. Même que c'est parfois le contraire. Elle apporte insécurité et rejet des modèles. C'est ce que l'on nomme

1 Pour références complètes, voir la bibliographie exhaustive à la fin de l'ouvrage.

une famille « dysfonctionnelle ». Mais même dans ces cas, on peut constater à quel point ces besoins sont importants, car malgré la souffrance que certains modèles familiaux ou certains événements familiaux apportent, on voit des enfants rester fidèles à leur famille, y demeurant loyaux et continuant de s'y identifier. « C'est quand même mon père », entendrons-nous ou bien « c'est ma famille, quand même ». On y reste fidèle par peur de perdre la sécurité que la famille représente quand même, puisque ça reste du *connu*. C'est pourquoi les pistes que je propose ici permettront de retrouver le rôle protecteur de la famille et celui de modèle qu'elle représente.

Au cours de ce livre, nous aborderons les caractéristiques du couple fragile et du couple fort, puis celles de la famille divisée et de la famille unie, ainsi que les impacts positifs et négatifs de ces caractéristiques.

Puis, successivement, point par point, nous verrons que, malgré une éventuelle séparation, la famille existe toujours. Nous verrons le rôle de la famille, ce que représente notre identité dans la construction de celle-ci, et l'importance de choisir la paix, l'harmonie et l'amour. Puis, je vous raconterai en plus notre histoire de couple, dans le but de répondre à la question que plusieurs couples se posent en situation de crise ; sommes-nous seuls à trouver la vie de couple difficile ? Enfin, je vous propose un petit texte et un exercice de réflexion, afin que, dans la perspective de la construction de votre propre vie de couple et votre vie de famille heureuse, vous bénéficiiez encore plus de cette lecture.

PROPOSITION POUR AMÉLIORER VOTRE LECTURE

Je vous propose, au cours de votre lecture, de porter une attention particulière à l'*idéalisation* du couple et de la famille. Tout en vous inspirant des caractéristiques du couple et de la famille unis, je vous encourage à ne pas perdre de vue que la réalité du couple et de la famille est parsemée de hauts et de bas, de moments de bonheur et de moments difficiles.

L'objectif n'est pas de correspondre à ces descriptions positives de réussite ni de ne pas avoir aucune caractéristique négative ! Il s'agit de s'inspirer de ces caractéristiques.

La réussite du couple et de la vie de famille est un cheminement qui peut faire naître un grand bonheur, et de grandes souffrances, compte tenu de son importance sur notre vie affective.

La réussite du couple et de la vie de famille est un cheminement qui peut faire naître un grand bonheur, et de grandes souffrances, compte tenu de son importance sur notre vie affective. Cette partie du livre a pour but de vous indiquer sur quoi travailler si vous éprouvez des difficultés, c'est-à-dire sur les points présentés. Il est important d'éviter le piège de l'idéal à atteindre et auquel correspondre.

Les moments de souffrance peuvent être des motivateurs de transformations, plutôt que des raisons de fuite ou d'abdication. Fuire ses difficultés de couple et abdiquer, ce sont souvent des sources de frustrations, car en adoptant ces comportements, on ne fait que reporter à plus tard l'inévitable face à face avec nos difficultés. Comme je le dis souvent en conférence, lorsque l'on choisit de quitter une personne, ce que nous n'aimons pas d'elle restera là après que nous l'aurons quittée, mais ce qui, chez moi, a alimenté les difficultés du couple, nous le traînons avec nous, donc aussi bien y faire face maintenant.

Puis, concernant les moments de bonheur, ils sont simplement – et absolument – des moments à savourer avec ceux que l'on aime.

Pour profiter encore plus de ce travail d'observation de votre rapport à la vie de couple, à partir de cette lecture, et dans un objectif de transformation, je vous encourage fortement à jeter un œil sur vous-même, et non pas seulement sur l'autre : « Il est comme ceci », « Elle est comme cela. » Il ne s'agit pas non plus de considérer uniquement les autres membres de votre famille, car ce livre deviendrait davantage un sujet de souffrance et de culpabilisation mutuelle qu'un outil de support menant à la réussite. De toute façon, si votre intérêt est uniquement de voir chez l'autre ou chez les autres ce qui ne va pas, plutôt que de vous interroger et de vous remettre en question, vous pouvez vous questionner sur votre réel désir d'engagement dans une vie de couple et au sein de votre famille. Chercher davantage l'erreur chez l'autre plutôt que de tenter de trouver sur quoi je dois moi-même travailler est justement un élément qui nuit au couple, et qui appelle les questions suivantes : « Avez-vous envie de choisir l'amour ? » « Désirez-vous vraiment être là, avec cette personne ? » Si oui, alors pourquoi cherchez-vous tant la brindille dans l'œil de l'autre, plutôt que de considérer la poutre dans le vôtre ?

La réponse à ces questions vous propose déjà une piste de réflexion sur vous-même, concernant les difficultés de votre couple et de votre famille, et concernant la réussite de vos relations affectives. Mais rassurez-vous ! Ça se travaille, l'engagement, pour ceux qui trouvent cela difficile. Pour ceux qui le veulent, il est possible d'apprendre à « choisir relationnellement ».

Sur le plan des relations affectives, ce sont les besoins différents de l'un et de l'autre qui s'affrontent, et ce qui se rencontre, ce sont les blessures personnelles de chacun.

Ce livre vous amènera à réfléchir sur la réalité, en dévoilant point par point les caractéristiques à travailler pour être heureux en couple, plutôt que d'attendre la personne idéale qui, malheureusement, n'existe pas. Il y aura toujours des difficultés auxquelles vous serez confrontés au sein de vos relations affectives, car l'autre n'est pas une extension de vous-même pour combler vos besoins, il est là pour combler les siens. Sur le plan des relations affectives, ce sont les besoins différents de l'un et de l'autre qui s'affrontent, et ce qui se rencontre, ce sont les blessures personnelles de chacun.

Il y aura toujours des difficultés auxquelles vous serez confrontés sur le plan des relations affectives, car l'autre n'est pas une extension de vous-même pour combler vos besoins, il est là pour combler les siens.

Si je me fie à mon expérience professionnelle, je suis bien conscient du risque que courent certaines personnes en lisant ce livre, c'est-à-dire qu'elles utilisent ce que j'ai écrit pour faire des reproches à leur conjoint. « Regarde, tu vois bien, je te l'avais dit qu'il faut faire ceci ou cela... C'est écrit ici noir sur blanc... » Malheureusement, cette lecture instaurera alors un nouveau terrain de lutte de pouvoir, plutôt qu'être une référence pour l'amélioration de votre vie couple. C'est une mise en garde que je vous fais ici, afin que vous ne tombiez pas dans ce piège ; par contre, abordez cet ouvrage dans un but de réflexion et de croissance, comme je vous l'ai suggéré dès le début.

Un jour, François Lavigne, formateur et cofondateur des éditions du CRAM me dit : « La vie de couple est un risque, Yvan, et moi j'ai décidé de le prendre ; c'est le risque de s'investir et de souffrir, mais c'est aussi et surtout le risque d'être heureux ! » À la suite de cette discussion, je me suis arrêté pour me demander si j'étais prêt à prendre ce risque, et ma réponse fut *oui* ! Je vous retourne donc la question : vous, êtes-vous prêt à prendre ce risque ? Si c'est le cas, au cours de la lecture de ce livre, vous apprendrez quels sont les mécanismes qui vous aideront au cours de ce voyage, afin de diminuer les risques d'échec et d'augmenter les chances de succès dans votre recherche d'amour et de bonheur amoureux.

Pour terminer, je vous propose de prendre le temps de lire ce livre, de faire des pauses, pour réfléchir, pour saisir une idée, une caractéristique, de relire un paragraphe ou un chapitre, afin d'intégrer ces nouvelles connaissances que je vous propose. Si vous lisez trop rapidement cet ouvrage, vous risquez de l'oublier tout aussi rapidement. Vous êtes libre, bien sûr, mais moi, je vous suggère de lire lentement ce livre.

Je vous souhaite que cette lecture soit profitable, autant que la recherche et la mise en application sur ce sujet le furent pour moi.

Je vous invite donc à suivre avec moi les inukshuks de la vie amoureuse et familiale.

Chapitre 1

Le couple fragile et ses conséquences

Un couple fragile, c'est un couple en péril ou qui se retrouve régulièrement en péril. C'est un couple dont la relation n'est pas basée sur le besoin d'amour et de sécurité affective ; le couple est victime d'impacts négatifs provoqués par la façon d'agir de l'un ou de l'autre partenaire, si ce n'est les deux. La satisfaction des besoins affectifs n'est pas favorisée, ce qui nuit inévitablement au bonheur des deux partenaires, qu'ils agissent consciemment ou non. Il peut être menaçant de regarder cette réalité en face, aussi se peut-il que l'on refuse de voir clair en ce qui a trait à notre attitude, qui fragilise notre relation amoureuse. Le fait de ne pas en prendre conscience n'atténue en rien l'effet néfaste sur la relation ; dans ce manque de lucidité, il n'y a pas de pouvoir possible pour redresser la situation et récupérer l'amour qui nous a un jour unis.

Je vous encourage donc à prendre le temps de considérer ces caractéristiques, non pour vous décourager ou vous donner une raison de vous culpabiliser – ou de culpabiliser l'autre –, mais pour prendre conscience de vos travers et, par le fait même, de prendre conscience de ce que vous pouvez faire pour vous retrouver. Les caractéristiques d'un couple fragile sont nombreuses.

Les conséquences que je décris dans ce chapitre ne sont pas toutes inévitables, mais certaines réactions ou attitudes contribuent à les entraîner. Par exemple, si je ne suis pas sensible à ce que cela me fait vivre de parler de moi à l'autre, celui-ci ne pourra pas me connaître et s'attacher à moi aussi intensément. Le manque d'attachement profond est une conséquence de cette difficulté à parler de soi avec sensibilité. Ainsi en est-il du domaine des émotions et des relations : une attitude défensive – telle que la coupure émotionnelle –, attire aussi une attitude défensive, c'est-à-dire qu'on ne se laisse pas toucher sur le plan émotionnel lorsque l'on écoute l'autre. Que ce soit conscient ou non, que nous soyons de bonne ou de mauvaise foi par rapport à notre couple, il y a toujours des conséquences sur soi-même et sur nos relations qui découlent de nos attitudes, que nous soyons sur la défensive ou non. Et en ce sens, les caractéristiques du couple fragile perturberont toujours nos relations avec nos proches.

Encore une fois, je le répète, je vous propose, tout au long de cet ouvrage, non pas de vous culpabiliser, mais de vous arrêter pour vous observer, dans le but de faire une prise de conscience et d'entreprendre une démarche afin de changer, ce qui vous mènera vers une plus grande satisfaction.

Si je décris ces conséquences, c'est pour favoriser la prise de conscience de l'impact des attitudes défensives, bien sûr, mais aussi pour vous aider à comprendre. Comment se fait-il que l'on se retrouve dans certaines situations désagréables et insatisfaisantes ? D'où, à l'intérieur de nous, cela vient-il ? Et comment est-ce entretenu ? De quelle façon ? Par nos attitudes ? Ces questions servent à se faire une bonne idée de la façon de modifier positivement la situation insatisfaisante, car à quoi sert une démarche de prise de conscience et de changement, si ce n'est à s'améliorer ? C'est à cela que ça sert, de s'observer et de se regarder aller. C'est ce que je vous propose : mieux se connaître, en voyant d'où l'on part.

Les attitudes défensives – et leurs conséquences –, empoisonnent la relation amoureuse, créent et entretiennent des sentiments désagréables et souffrants, et vont jusqu'à détruire la relation. Les conséquences suivent automatiquement les attitudes défensives ; elles « viennent avec ». Elles atteignent le couple, bien sûr, mais aussi chacun des partenaires, et ce, de façon différente, et souvent, ce sont les points sensibles de l'un et l'autres qui sont touchés ; aussi les attitudes défensives ont-elles un impact négatif sur la famille et les enfants, individuellement.

LA NON-COMMUNICATION

Un couple fragile, c'est un couple dont les partenaires ne se parlent pas. « C'est tellement facile, ce point, tellement commun », me diriez-vous si j'étais là devant vous. Et je vous répondrais : « C'est aussi tellement facile de banaliser la non-communication, tellement facile de dire "bien oui, je sais, on ne se parle pas assez". » Et c'est la réalité : les partenaires amoureux ne se parlent pas suffisamment d'eux pour entretenir l'amour, c'est-à-dire de ce qu'ils vivent personnellement et de ce qu'ils vivent l'un par rapport à l'autre. Cette réalité, par les divorces qu'elle entraîne, cause des torts énormes à chacun des partenaires, tant sur le plan personnel que ceux du couple ou de la famille, si ce n'est sur le plan financier ou la qualité de vie, présente et à venir.

La réalité chez beaucoup de couples, c'est que la communication efficace, qui unit les cœurs plutôt que de les assécher, est peu pratiquée.

Je suis régulièrement frappé par le nombre de personnes qui, en rencontre individuelle ou de couple, me disent qu'ils se *parlent*, que la communication est une priorité dans leur vie. Pourtant, et cela me frappe aussi, partout on entend parler de l'importance de la communication, mais dans la réalité, on ne se parle pas. Comme le dit si bien Colette Portelance dans son livre *Aimer sans perdre sa liberté* : « La relation amoureuse commence par le partage de nos émotions agréables et se termine par le silence des émotions désagréables. » Voilà la véritable raison de la non-communication dans les couples : la peur que soient révélées des émotions désagréables pour l'autre, mais surtout pour soi.

Souvent, je me rends compte que pour plusieurs se parler c'est en fait monologuer, philosopher, parfois même moraliser, professer, argumenter sur ce que dit l'autre. Je suis aussi étonné de voir que pour certains, se parler, c'est souvent parler davantage de l'autre – ou même des autres –, plutôt que de parler de soi. À quel point parler de soi est rare et difficile ! Je le remarque dans les formations que je donne, dans mon bureau de consultation, et bien sûr, lorsque j'observe mon propre cheminement dans l'apprentissage de la communication. Dans mon bureau, bon nombre de couples que je reçois sont parfaitement sincères lorsqu'ils prétendent qu'ils se parlent ; or, dès que la thérapie relationnelle commence, il est frappant de constater à quel point leur relation est amputée de toute communication intime. Je constate rapidement que les partenaires ne se regardent pas ; tenir compte de la présence de l'autre est difficile, parler de soi à l'autre est évité. En fait, plusieurs parlent de l'autre – surtout de ce qu'ils n'aiment pas de lui – et pensent ainsi communiquer. De cette façon, pourtant, ils ne parlent que des déclencheurs, et ne parviennent pas à parler d'eux ; soit ils se justifient, soit ils rationalisent, mais ils ne se mouillent pas.

Pour bien comprendre cet aspect, je vous propose de vous poser les quelques questions suivantes.

- Parlez-vous avec votre partenaire de ce que vous vivez, de votre vie personnelle et de votre relation avec lui ?
- Quelles peurs ou quelles difficultés vous nuisent dans vos discussions ?
- Vous « lâchez-vous » facilement si cela devient difficile, en vous taisant de nouveau, soit parce que vous avez de la difficulté à trouver les mots ou parce que l'autre réagit à ce que vous dites ?

On ne se parle pas parce qu'on ressent toutes sortes de peurs : peur de ressentir des émotions et de les exprimer, peur du conflit, peur de se sentir coupable (et bien d'autres), mais surtout, peur de mettre en péril sa relation et de perdre l'autre.

Cas vécu

Voici un exemple pour illustrer l'impact de l'évitement des peurs sur la communication dans la relation amoureuse. Un jour, j'ai reçu en consultation un homme – que l'on va nommer Roland *– qui voulait laisser sa femme parce qu'il ne ressentait plus d'amour pour elle, et* *qu'il ne la désirait plus, après vingt-deux ans de mariage. Il ne faisait pas le lien entre la non-communication et le manque d'amour et de désir. Mais plus on parlait, lui et moi, et plus il prenait conscience à quel point cela faisait longtemps qu'ils avaient cessé de communiquer. Je lui ai proposé, même s'il allait la quitter, d'exprimer à sa femme les choses pour lesquelles il risquait d'entretenir de la rancœur à son endroit, ce qu'il accepta aussitôt, et qu'il fit durant la semaine. Pourquoi s'être tu aussi longtemps et être prêt à parler aujourd'hui ? Posons-nous la question, pourquoi maintenant et pas avant ? Parce que Roland n'avait plus peur de perdre sa femme, puisqu'il la quittait !*

Voilà l'impact et les conséquences des peurs et de l'évitement de la communication au sein du couple.

Un couple dont les partenaires ne se parlent pas ne peut traverser le temps dans l'amour et la complicité. Sans partage du vécu, c'est le ciment entre les briques qui manquera, la relation restera fragile et, avec le temps, plus le mur de briques sera haut, et plus il sera fragile aux intempéries.

CONSÉQUENCES DE LA NON-COMMUNICATION

Les conséquences de la non-communication sont multiples. Elles vont du manque d'importance que l'on se donne – et que l'on projette sur l'autre –, au manque d'estime et à l'éloignement, en passant par l'impossibilité de s'écouter et de tenir compte de ses besoins. La relation affective nourrissante et motivante devient donc impossible.

Revenons à ce partenaire qui choisit de ne pas parler d'un vécu qui concerne l'autre. D'abord, il restera aux prises avec ses émotions, et la seule vue de l'autre constituera un rappel permanent de ses malaises, un déclencheur d'émotions désagréables. Ceci éloignera progressivement les deux partenaires l'un de l'autre, les non-dits allant en s'accumulant. Le partenaire silencieux risque, en outre, d'en vouloir à l'autre. Cette situation perdurera aussi longtemps qu'il n'y aura pas eu communication entre les deux. La famille aussi risque alors d'être plus instable, puisque les autres membres seront insécurisés par ces non-dits. L'isolement de chacun risque de devenir la voie privilégiée pour fuir l'inquiétude ressentie. De plus, les enfants n'apprendront certes pas à communiquer non plus, même si on leur rappelle l'importance de le faire. Au contraire, les enfants choisissent habituellement la voie que les modèles de leur entourage prennent eux-mêmes, soit, dans ce cas précis, taire leur vécu.

ENGAGEMENT ET REMISE EN QUESTION

Un couple fragile, c'est un couple dans lequel l'engagement est trop souvent remis en question. La remise en question perpétuelle est l'un des fonctionnements relationnels les plus souffrants qui soient. On s'épuise et l'on ne bâtit rien. Ou l'on bâtit, mais tout en remettant constamment en question la relation, ce qui épuise énormément les deux partenaires : c'est la base même de la relation qui est constamment ébranlée, fragilisant à la fois le couple et les individus.

C'est la conséquence de l'incapacité à faire des choix. Il n'y a rien de pire que d'être avec une personne, dans un endroit, et de se demander continuellement s'il s'agit de la bonne personne et du bon endroit. Toute cette démarche nous fait souffrir et nous fait perdre de l'énergie.

Parfois, comme je l'ai souvent constaté, il faut malheureusement perdre quelqu'un pour se rendre compte que l'on tenait à cette personne. Alors, soit on met tout en œuvre pour la regagner ou l'on se sert de cette expérience afin de ne pas répéter la même erreur.

Cas vécu

Cela me fait penser à Pierre, qui depuis plusieurs années doutait qu'Hélène fût la bonne partenaire pour lui. S'il sentait qu'elle s'éloignait, il devenait souffrant, avait peur de la perdre, puis lorsqu'enfin elle se rapprochait de lui, il s'éloignait à son tour, sabotait la relation de diverses façons, par des conflits qui auraient facilement pu être évités, mais qui étaient de bons prétextes pour remettre sa relation en question. Tout projet d'engagement était angoissant et difficile à mettre en application, et la distance qui les séparait momentanément le soulageait brièvement et calmait ses peurs. C'était le système abandonnique-déserteur[2] à son meilleur. Pierre souffrait et Hélène aussi. Pierre oscillait perpétuellement entre l'engagement et le désengagement. Et Hélène tirait sur Pierre, pour se retirer à son tour, mais sans se demander pourquoi elle choisissait toujours une personne qui avait tant de difficulté à s'engager. Ce n'était pas la première fois qu'elle se retrouvait dans cette situation. Pourquoi n'allait-elle pas vers une personne désireuse de s'engager ?

On ne peut compléter une construction lorsque l'on passe son temps à la défaire et à recommencer, que ce soit dans la même relation ou dans une autre.

CONSÉQUENCES DU NON-ENGAGEMENT

On retrouve cette dynamique chez les couples où chacun

---

2 Pour une description détaillée des différents systèmes relationnels, tels que décrits par le Dr Colette Portelance, je vous réfère au chapitre 3 de son ouvrage *Relation d'aide et amour de soi*, 4e édition, Montréal, Éditions du CRAM, 2007, p. 227 et suivantes

des partenaires souffre d'insécurité affective ou de jalousie chronique, est méfiant envers l'autre ou étouffe ; ces gens ont de la difficulté à choisir librement de s'engager. Ils auront ainsi l'impression de *subir*, plutôt que de *choisir*. Ils tiendront un tel discours : « Je suis avec cette personne parce que je ne veux pas être seul », « Je suis avec cette personne en attendant de trouver la bonne. » C'est un couple qui s'entretient dans le système très souffrant de l'abandonnique et du déserteur. C'est un couple dont l'impact négatif sur les membres de la famille sera l'inquiétude concernant l'avenir. « Papa et maman vont-ils se quitter demain, après-demain ? » Les enfants, à leur tour, risquent d'avoir un rapport émotif difficile avec l'engagement dans leurs relations futures ; soit ils la rechercheront compulsivement et à tout prix, soit ils l'éviteront aussi à leur tour.

LA NÉGATION

Un couple fragile, c'est un couple dans lequel les deux partenaires – ou l'un des deux – nient ce qu'ils sont à un point tel qu'ils se perdent. Ils oublient ainsi qui ils sont, chacun par la négation.

Se nier dans une relation affective, c'est empêcher que le couple ait un avenir, et même un présent, d'ailleurs. C'est une attitude qui n'apporte pas de satisfaction dans l'immédiat, mais qui, en plus, fait en sorte que celui qui se nie ne se donne plus d'importance. Il étouffe en raison de cette négation de soi, et il peut souhaiter partir pour se retrouver. Il n'est pas engagé dans le présent envers lui-même, il n'est pas en relation avec l'autre. Lorsqu'il y a négation de soi, il devient difficile de rester amoureux d'une personne qui ne fait pas preuve d'amour et il est aussi difficile de respecter une personne qui ne se respecte pas elle-même. L'on cesse donc de s'aimer et de se respecter.

Se nier dans une relation affective, c'est empêcher que le couple ait un avenir, et même un présent, d'ailleurs. Le présent est insatisfaisant, et tôt ou tard, celui qui se nie atteindra sa limite parce qu'il ne se donne pas d'importance. Il étouffera à force de se nier et souhaitera partir pour se retrouver.

Il en est de même si les deux se nient. Ce n'est pas un manque d'amour qui les divise, c'est un manque d'amour de soi-même. Les partenaires sont alors menés par la peur de perdre l'autre, la culpabilité d'être soi-même, et en évitant de s'affirmer pour ces raisons, c'est eux-mêmes qu'ils perdent. Il y a toujours une conséquence directe à la négation de soi. L'estime de soi est atteinte, le besoin de compenser ou de compulser prend de l'ampleur, et l'élaboration d'une vie clandestine devient une soupape à ce manque. Ce qui met en péril et fragilise la relation de couple.

Se nier, c'est mettre de côté sa différence dans les différents aspects de la relation ; on peut nier sa différence sur le plan financier, en ce qui concerne les loisirs, la vie sociale, la sexualité, la décoration de la maison, l'éducation des enfants, etc.

- Se nier, c'est ne pas se donner d'importance.
- Se nier, c'est s'inférioriser.
- Se nier, c'est se perdre dans l'autre.
- Se nier, c'est se laisser mener par ses peurs plutôt que par ses besoins.

- Se nier, c'est choisir l'autre plutôt que de se choisir.
- Se nier, c'est condamner son couple à ne pas avoir d'avenir.

Cas vécu

Patricia était une femme accomplie professionnellement, très accomplie même, mais paradoxalement, dans son couple, c'était « Comme tu veux, mon amour ! » « Si cela te convient, mon chéri ! » ; elle s'affirmait rarement dans son couple, sauf lorsqu'elle n'en pouvait plus d'étouffer sous le poids du silence. Elle réagissait alors, pour se réfugier ensuite encore plus dans la négation d'elle-même, car après cet esclandre, elle se sentait coupable, ce qui lui confirmait qu'elle aurait mieux fait de se taire, comme auparavant. Son travail était son refuge, la séduction avec les autres hommes sa compensation, et ses rêves d'amour facile – dans lesquels elle n'aurait pas à s'affirmer tellement les deux partenaires se comprendraient sans avoir à le faire –, était son illusion-échappatoire. Ce fonctionnement entretenait son silence et sa non-importance.

CONSÉQUENCES DE LA NÉGATION

D'abord, quelles sont les conséquences de la négation des deux partenaires ? Ils s'entretiennent dans l'infériorité, la non-importance et la non-valeur, en plus de faire preuve d'un engagement fragile. Car rien n'est plus « non engageant » dans une relation que le fait de se nier, de ne pas partager son vécu. Cela mène, de part et d'autre, à l'accumulation de non-dits, au ressentiment, à la frustration et à la clandestinité, afin de pallier le manque d'affirmation.

Les conséquences sur la famille sont nombreuses. D'abord, il y aura absence de relation authentique entre les membres de la famille, ce qui rendra la vie familiale insatisfaisante. Pour les enfants, les parents seront des modèles de non-affirmation, qu'ils reproduiront lorsque viendra pour eux le temps de prendre leur place dans la vie. Il y a un risque important que les membres s'isolent. Cela peut aussi faire en sorte que les enfants, parvenus à l'adolescence, rejettent les modèles parentaux.

Dans le cas où seul l'un des deux partenaires se nie, les conséquences seront la supériorité de l'un sur l'autre ; les deux ressentiront de la frustration. Celui qui se nie finit souvent par en vouloir à l'autre de ne pas être en mesure de se donner de l'importance : « C'est à cause de toi si je ne parle pas, c'est à cause de ta colère ou du fait que tu es toujours occupé. » En même temps, on constate souvent que celui qui prend plus de place n'est pas satisfait de la soumission de l'autre, au contraire. On voit se mettre en place différents systèmes relationnels qui causent de la souffrance : le supérieur et l'inférieur, le juge et le coupable, et éventuellement, un bourreau et sa victime. La personne qui s'affirme reproche de plus en plus de choses à l'autre, juge de plus en plus ce qu'il est, fait, dit, pense, vit et veut. Il finit par lui reprocher son manque d'affirmation. Il se peut même que les deux partenaires vivent une vie clandestine pour pallier ce manque de passion.

La principale conséquence sur la famille provient du modèle de couple qu'offrent les parents. Si dans son couple la mère se nie, le fils risque de chercher et de demander la même chose à ses éventuelles partenaires ; de même, si c'est le père qui se nie, la fille risque d'avoir de la difficulté à accepter, en relation, que les hommes s'affirment. À moins qu'elle ne rejette le modèle du père et cherche son opposé, mais alors, sa quête résultera d'une attitude défensive, elle cherchera à fuir sa propre tendance à se nier. De plus, dans ce système, on constate souvent que les enfants s'en prennent à celui qui se nie, lequel peut même devenir le bouc émissaire de la famille, qu'on raille et qu'on tourne en ridicule. Ce qui entretient subrepticement le pouvoir du supérieur sur l'autre.

LA NON-IMPORTANCE

La pauvreté du couple découle de l'incapacité des partenaires à se faire du bien, à donner de l'importance à leurs besoins mutuels, à être sensibles aux besoins de l'autre et à y répondre.

Il n'y a alors pas ou très peu de place pour dire à l'autre qu'il compte pour nous, pour poser des gestes importants à son endroit.

Un couple fragile, c'est un couple dans lequel on se valorise peu, on se reconnaît peu ou pas, où l'appréciation est acquise et n'est pas réitérée (comme si le fait de manger un jour nous enlevait l'appétit pour le lendemain) ; au sein d'un tel couple, on ne s'écoute plus, chacun défend son point de vue dans une dynamique de gagnant et de perdant. Les informations télévisées sont plus importantes que le vécu quotidien de chaque partenaire. Comme si l'amour, après quelques années, devenait un concept désuet, et qu'en parler était gênant, embarrassant et jugé.

Il est toujours triste de voir un couple dont l'insatisfaction est le pain quotidien. Là non plus, il n'y pas d'avenir, car on ne peut vivre dans l'insatisfaction. Il y a un prix à payer aujourd'hui, et il y en aura un demain. Avec le temps, les partenaires s'éloignent l'un de l'autre. Ne se comprennent plus. Les conflits sont de plus en plus fréquents. Sans la satisfaction des besoins affectifs, il n'y a plus de plaisir à être ensemble et ça n'a plus de sens. Au contraire, la présence de l'autre, plutôt que de générer des émotions agréables, nous met face à un certain vide et devient dérangeante.

Cas vécu

Serge et Sonia sont ensemble depuis quelques années. Jamais ils ne se disent qu'ils s'aiment. « Pas besoin, elle le sait, il le sait. », disent-ils. Jamais ils ne trouvent de moments pour se parler l'un de l'autre avec sensibilité. Ils voient cela comme une perte de temps, comme étant une activité ennuyante. En aucun temps, non plus, ils ne posent de gestes importants pour l'autre, des gestes sentis ; jamais il ne lui dit « Merci, c'était un très bon repas, ma chérie » ; jamais elle ne le remercie pour une réparation faite dans la salle de bain – au contraire, elle lui rappelle qu'il était temps qu'il agisse, et qu'elle a bien hâte aussi qu'il peinture la clôture. Leur relation est caractérisée par les conflits et les critiques, et bien entendu, les questionnements : « Ne serais-je pas mieux seul ou ailleurs ou avec une autre personne ? » se demandent-ils.

CONSÉQUENCES DE LA NON-IMPORTANCE

Un couple au sein duquel l'un des partenaires ne se donne pas d'importance est un couple où les partenaires sont souvent tristes et non satisfaits ; aussi les partenaires ne sont-ils pas complices. Des partenaires qui, souvent, manquent de sensibilité l'un envers l'autre, connaissent peu les besoins de l'autre, mais croient les connaître. On peut même observer qu'ils sont souvent surpris d'apprendre, lorsqu'ils se parlent de leurs manques respectifs et de leurs besoins, ce que vit l'autre, et à quel point il en souffre. Même si les partenaires disent se connaître et se parler, il est frappant de voir combien de couples, en thérapie, vivent une telle situation. Ils peuvent identifier, de façon générale, certains manques ou besoins de l'autre, souvent parce que celui-ci s'en est plaint – ce qui n'est pas de la communication –, mais ils connaissent rarement les besoins spécifiques de leur conjoint, et à quel point ceux-ci l'embarrassent. Et de toute façon, comme ils n'ont pas pris, à ce propos, le temps de s'écouter avec le cœur, ils risquent fort de ne pas être sensibles à leur conjoint.

C'est aussi un couple dans lequel la routine risque d'être lourde à porter, à cause d'une communication déficiente et par manque de satisfaction des besoins. C'est un couple « à risque » de regarder ailleurs, pour satisfaire, précisément, des besoins laissés en plan. C'est une famille pauvre, à ce moment, du point de vue affectif et relationnel ; plusieurs membres de cette famille risquent de se sentir seuls et de devenir égoïstes, car ils n'auront pas appris à donner – parce qu'on en leur a pas enseigné – à écouter, à valoriser l'autre et à le reconnaître ; aussi n'ont-ils pas appris ce qu'est la liberté et l'amour. Comment donner ce que l'on n'a pas reçu ? Cette simple règle s'applique tout aussi bien sur le plan des besoins affectifs.

Ces enfants risquent fort de répéter ce comportement insatisfaisant. L'intimité sera absente de leur vie future puisque, ne l'ayant pas connue ni intégrée, il leur sera plus difficile de choisir un partenaire avec lequel bâtir un couple heureux. L'habitude de la non-communication des besoins a toutes les chances de devenir un obstacle majeur dans leur vie de couple et dans leur vie de famille.

LE MANQUE D'AMOUR ET D'INTIMITÉ

Un couple fragile, c'est un couple où l'on ne ressent plus d'amour l'un pour l'autre, et dans lequel l'intimité se perd peu à peu, quand elle n'est pas déjà totalement absente.

C'est aussi une relation dans laquelle l'un ne ressent pas l'amour de l'autre, d'abord parce que les gestes et les mots ne disent pas « tu es la personne que j'aime ». Les gestes du quotidien sont ainsi influencés du lever au coucher.

Chacun doute de son amour pour l'autre et de l'amour de l'autre, en plus de vivre avec ce manque d'émotions à l'égard de l'autre.

La sensation particulièrement puissante de l'intimité, c'est le fait d'être tellement proche d'une personne qu'on a le sentiment, pendant un instant, qu'on ne sera plus jamais seul au monde. C'est une sensation qui est ancrée profondément en soi, et dans la mémoire affective.

Encore une fois, les besoins ne peuvent rester insatisfaits. C'est ce qui fragilise la relation, car une tempête provoquée par un conflit – ou une rencontre possible avec une autre personne semblant intéressante –, peut facilement devenir la nouvelle voie à suivre ou *l'occasion-mirage* d'être mieux, ailleurs ou autrement qu'avec son conjoint actuel.

La sensation particulièrement puissante de l'intimité, c'est le fait d'être tellement proche d'une personne qu'on a le sentiment, pendant un instant, qu'on ne sera plus jamais seul au monde. C'est une sensation qui est ancrée profondément en soi, et dans la mémoire affective. Ce contact amoureux particulièrement riche est possible grâce à la communication ; il s'agit de parler à l'autre de ce que l'on vit, en se laissant toucher sur le plan émotionnel. L'on peut aussi atteindre l'autre par le biais des contacts physiques, et par les relations sexuelles, puisqu'il s'agit souvent d'une forme de partage du corps et des émotions, par lesquels les besoins affectifs sont comblés intensément. De toute façon, si l'on ne retrouve pas l'amour et l'intimité dans notre couple, on le cherchera ailleurs et autrement. Avec une cigarette, une bouteille, de la nourriture, au travail ou dans les bras d'une autre personne.

Cas vécu

Il y a longtemps que Patrice *et* Aline, *comme de nombreux couples, ont cessé de prendre des moments pour communiquer, se parler l'un de l'autre, s'écouter et rire ensemble, la télévision fermée. Il y a longtemps que* Patrice *a cessé de la toucher avec amour et tendresse. Il y a longtemps qu'*Aline *ne lui exprime plus le désir de faire l'amour avec lui. Lentement, l'intimité entre* Patrice *et* Aline *a diminué au point de devenir presque inexistante. Cela a laissé place aux nombreuses discussions concernant les responsabilités et les préoccupations, et chacun a fait des reproches à l'autre. Cela a laissé place au vide affectif et physique, au vide sur le plan sexuel (on le fait, mais « parce qu'il faut bien, ça fait plusieurs jours »), ce qui a tué la passion. Il n'y a plus d'intimité. Il est touchant, lorsqu'ils m'en parlent, d'entendre à quel point cela leur manque à tous les deux. Comme ils me le disent, les habitudes de non-intimité se sont tellement installées qu'il leur paraît impossible et même très gênant d'y revenir. Ils se souviennent à peine de ce temps. Ils ont compensé ces manques chacun de leur façon et demeurent vulnérables à d'autres rencontres. Ce qui arriva à* Patrice. *C'est pourquoi ils sont venus me consulter, dans le but de retrouver ce couple auquel ils ont tant cru un jour.*

CONSÉQUENCES DU MANQUE D'AMOUR ET D'INTIMITÉ

C'est souvent un couple triste ; l'un et l'autre ne donnent pas d'importance aux besoins affectifs. C'est un couple pour lequel les compensations peuvent servir de nourriture de base ; les compensations deviennent un mode de vie, plutôt que des petits bonheurs. C'est un couple à fort potentiel de « fuite » ; il est fort possible que l'un des partenaires se tourne vers d'autres personnes pour combler son besoin d'intimité et d'amour. C'est une famille au sein de laquelle les liens sont fragiles, et où les enfants risquent d'être sujets à la dépendance aux gangs et aux influences extérieures à la famille ; ils s'exposent davantage à avoir peur de l'amour, et à éprouver de la difficulté à exprimer leur affection au sein d'une relation.

VIVRE SA DIFFÉRENCE

Un couple fragile, c'est un couple où l'on n'ose plus dire, vivre et exprimer de diverses façons sa différence, par manque de confiance en soi, par peur ou par culpabilité.

Il est toujours frappant de voir en début de relation à quel point la différence de l'autre nous attire. Puis, souvent, lentement et parfois même rapidement, lorsque le couple est engagé, on voit que chacun – ou alors l'un des deux partenaires – met de côté sa différence.

Il est toujours frappant de voir en début de relation à quel point la différence de l'autre nous attire. Puis, souvent, lentement et parfois même rapidement, lorsque le couple est engagé, on voit que l'un des partenaires ou les deux mettent de côté leur différence. Et ce, parce qu'on a peur que notre différence menace la relation ; on a peur de ne pouvoir vivre avec cette différence, à cause des réactions qu'elle peut générer chez l'autre. L'on a également peur que cette différence engendre des émotions désagréables à la vue du mécontentement de l'autre en raison de cette différence.

C'est pourquoi on commence à mettre de côté nos besoins différents : « J'aime la ville et toi la campagne », par exemple. L'on met de côté nos goûts différents : « J'aime le patin artistique et toi le hockey. » L'on met de côté nos limites face à l'autre : « Je n'ai pas envie d'être touché physiquement en ce moment. » L'on met de côté nos émotions qui déclenchent une réaction chez l'autre, parce qu'on a peur des conflits, et surtout parce qu'on a peur de perdre l'autre.

On met aussi de côté nos différences par manque de confiance en soi, parce qu'on a du mal à se donner de l'importance, par culpabilité, c'est-à-dire parce qu'on a l'impression de ne pas être correct ou non légitime en ce qui concerne nos besoins, nos limites, etc.

C'est pourquoi on peut aussi commencer à décourager l'expression de la différence de l'autre en dehors de la relation. On trouve toujours une raison de ne pas encourager les élans personnels, professionnels, sociaux ou familiaux de notre conjoint, que ce soit concernant les activités qu'il veut pratiquer, sa façon de gérer son argent ou son temps, ou concernant la distance qu'il aime prendre de temps à autre ; il peut aussi s'agir de sa différence en ce qui concerne ses priorités. On trouvera alors une raison de décourager notre conjoint, dans le but non avoué de ne pas être en contact avec l'insécurité que cela peut nous faire vivre. L'autre risque ainsi de s'éteindre à nos côtés et de vouloir vivre de plus en plus en notre absence : ainsi, on se pense alors en sécurité, mais on nuit à l'amour qui nous unit. Ce qui devient une source encore plus grande d'insécurité.

C'est comme s'il fallait, pour être rassuré amoureusement, niveler la différence, c'est-à-dire être et demeurer semblable à l'autre. Ne pas changer, ne pas être différent. On s'éteint et s'étouffe alors mutuellement.

Le nivellement de la différence est un « fonctionnement-réflexe », souvent inconscient (et illusoire), initié dans le but d'éviter de souffrir d'insécurité affective face à la relation, de protéger la relation contre les intempéries et, ultimement d'éviter la rupture. Pourtant, comme je l'ai mentionné plus haut, c'est ce qui risque fort d'arriver, à force de s'éteindre. Cela peut prendre six mois, un an, dix ans ; cette façon de fonctionner n'a pas d'avenir. Taire notre différence nous fragilise, car cette façon d'agir nous oblige éventuellement à nous poser la question suivante : « Est-ce qu'à moyen et à long terme, j'ai envie de rester dans une relation où l'on s'éteint, où l'on se sent coupable, dans laquelle on est davantage mené par la culpabilité, les peurs et le manque de confiance que par l'affirmation et l'amour de soi ? » La réponse est **non** !

La réalité, c'est que plus on se tait, plus on se sent coupable. Plus on est mené par la peur, moins on a confiance en soi. Ce qui devient vite invivable.

La relation se fragilise ainsi à moyen et à long terme. On peut aussi inverser le phénomène : lorsqu'on nivelle notre différence, l'on perd son estime de soi. On peut aussi se poser la question : « Ai-je envie d'aimer et de respecter une personne qui s'infériorise, qui vit dans la peur et la culpabilité ? Ai-je envie de faire ma vie avec une telle personne ? » Non plus ! Car il devient dur d'aimer cette personne. Cela ne veut pas dire que le couple se séparera, mais il est fragile.

Cas vécu

Philippe et Katia sont deux personnes qui, comme plusieurs couples, ont des intérêts différents sur le plan social. Philippe est sociable et Katia est plus attirée par les relations intimes. Comme les activités sociales de Philippe paraissent menaçantes pour Katia, plutôt que de lui parler de ses insécurités et de chercher à se sécuriser – non pour le retenir lui, mais pour être plus libre et se débarrasser de ses peurs –, elle le critique, le juge et le culpabilise : « Tu n'es qu'un enfant, c'est vraiment immature, tes activités sportives, tu n'es jamais ici, tu ne t'intéresses pas à la maison, tu ne m'aides pas, tu es égoïste. De plus, je suis certaine que tu coures les autres femmes dans mon dos. » C'est le conflit, Philippe se justifie, se défend et se met en colère. Ce soir, il ne sort pas. C'est uniquement pour régler le conflit, mais ce n'est que partie remise. La difficulté n'est pas leurs différences ou les sorties, mais plutôt l'incapacité de se parler. Il est demeuré à la maison pour éviter le conflit, et non pour être avec Katia ; mais encore une fois, ils ne se sont pas rapprochés. Katia n'est pas plus rassurée en ce qui concerne leur relation, et Philippe a l'impression d'étouffer. Le couple reste fragile.

CONSÉQUENCES DE NE PAS VIVRE SA DIFFÉRENCE

La conséquence principale est la perte d'identité ; l'on n'est plus authentique et l'on perd sa créativité. La différence de chacun sera perçue par l'autre comme une menace, et non pas comme une richesse. On s'imposera de se modeler sur l'autre – et l'on demandera à l'autre de faire de même – afin de taire nos différences. Malheureusement, la frustration risque d'être au rendez-vous, et la monotonie et la routine deviendront un poids qui s'ajoutera à l'insatisfaction quotidienne.

Les enfants, à leur tour, risquent, en raison de ce modèle parental d'extinction de la différence, d'étouffer à leur tour leur potentiel créateur, leur génie et leur sens de l'initiative. Ce qui peut leur faire perdre confiance en eux-mêmes. Se modeler sur l'autre pourrait malheureusement devenir leur mode de vie.

SE VOIR AILLEURS...

Un couple fragile, c'est un couple où les partenaires pensent souvent qu'ils seraient mieux ailleurs, avec une autre personne, ou même seul, plutôt qu'avec la personne avec qui ils vivent.

Pendant que nous rêvons à une autre personne, les mois et les années passent, les rencontres se succèdent et l'amour ne se consomme pas dans le présent ; la personne ne s'investit pas dans son couple. La relation reste fragile.

C'est, je crois, la difficulté qui fragilise le plus le couple. Nombre d'individus sont en relation avec une personne, alors que leur esprit est habité par toutes les personnes passées, présentes ou futures avec ils pourraient être en ce moment ; ces personnes ressassent les occasions manquées, et songent aux possibilités qui se présentent ou à celles qui pourraient survenir dans le futur. Ces gens rêvent à « **La** » personne, la fameuse personne idéale qui les attend, là, quelque part, au tournant d'une route. Pendant ce temps, les mois et les années passent, les rencontres se succèdent, et l'amour n'est pas vécu au présent ; la personne ne s'investit pas dans son couple.

Dans l'engagement amoureux, c'est une situation fréquente : être avec une personne et penser que l'on serait mieux avec une autre. C'est mettre plus d'énergie à regretter les autres possibilités qu'à nourrir et entretenir son couple, qu'à tâcher d'améliorer son sort. Les exemples d'insatisfaction sur ce plan sont nombreux et très éloquents.

Cas vécu

Pour ma part, les quatorze premières années de notre vie de couple ressemblèrent à ce que je viens de mentionner. Ce fut une période souffrante pour nous deux. Nous étions déchirés. Bien sûr, lorsque nous vivions des conflits, pour ma part, l'occasion était bonne de rêver aux autres femmes, et même lorsque ça allait bien, il m'était difficile de faire le deuil des autres possibilités de rencontres sexuelles ou amoureuses (mais surtout sexuelles). Choisir la femme avec qui j'étais, c'était dire non à toutes les autres. Comme c'était un choix à refaire chaque jour, quand une autre possibilité se présentait, je n'y arrivais pas toujours, et cela a parfois entraîné des remises en question de la relation, et parfois même des séparations. Ce qui me confronta à le faire, ce fameux choix.

Ce que j'appris de moi, c'est que j'avais besoin de plus qu'être en couple. Car être en couple, c'est assez accessible – à partir de l'adolescence, on commence à partager notre vie avec quelqu'un. Mais je voulais plus que cela. C'est-à-dire que je voulais être amoureux et heureux en couple. C'est là que j'ai compris que pour ce faire, je devais m'investir davantage dans ma relation de couple, et cesser de me dire que je serais mieux ailleurs, avec une autre ou même seul. Être un éternel célibataire en quête de conquêtes était un fantasme que je nourrissais depuis l'adolescence.

Toutes ces années d'incapacité à me positionner et à choisir m'ont amené à souffrir d'un manque de sécurité et d'amour, et à demeurer dans un couple fragile.

CONSÉQUENCES DE « SE VOIR AILLEURS »

Les conséquences du manque d'affirmation dans le choix amoureux sont profondément ressenties par chacun des partenaires, au quotidien. Sans ce choix, la relation amoureuse battra continuellement de l'aile. Un tel couple insécurise profondément les partenaires et la relation est non valorisante. La deuxième conséquence majeure, c'est qu'à défaut de chercher des solutions, chaque difficulté devient une raison de plus pour remettre en question la relation amoureuse, et s'éloigner toujours un peu plus de l'autre et de notre bonheur. On ne cherche pas à solidifier la relation, à se rapprocher de l'autre et à rendre notre relation plus stable, mais plutôt à se faire souffrir encore davantage. En conséquence, les enfants pourraient bien sûr, à leur tour, souffrir d'insécurité affective et craindre aussi l'engagement. Dans le futur, soit ils s'accrocheront à l'autre, car ils projetteront leurs peurs sur leur partenaire, soit ils fuiront, comme ils auront vu faire leurs parents. Dans un cas comme dans l'autre, ils pourraient fort bien entretenir un système d'abandonnique et de déserteur, et avoir de la difficulté à construire une relation amoureuse sécurisante et valorisante.

NE PAS PRENDRE SOIN L'UN DE L'AUTRE

Un couple fragile, c'est un couple où l'on ne prend pas soin l'un de l'autre. Voici une caractéristique qui me touche particulièrement. Je suis souvent témoin de couples qui ne prennent pas soin l'un de l'autre ! Tu es malade, je m'éloigne.

Je suis blessé, tu en rajoutes. Tu as peur, je te juge. Je souffre parce que j'ai été touché dans mes zones sensibles, tu me rejettes.

Il est triste de constater que cette fragilité, au lieu de se transformer en moments pour se rapprocher pour prendre soin de l'autre, contribuent à l'éloignement des partenaires. Par exemple, je me sens humilié et inférieur, et tu me ridiculises encore plus.

Cas vécu

Serge et Hélène viennent d'une famille où les membres sont durs. Lorsque Serge exprime une peur, Hélène lui reproche son manque de courage. Et lorsqu'Hélène est triste, Serge lui reproche sa fragilité psychologique. Lorsque Serge est mal à l'aise en public, Hélène s'éloigne et le rejette pour aller vers les autres et elle lui reproche son manque de sociabilité. Elle en parle même avec les autres. Et lorsqu'Hélène fait une erreur devant la famille, Serge ne manque pas de la souligner devant la fratrie, ce qui infériorise Hélène. Tous ces gestes, souvent faits sans avoir conscience de leur impact sur l'autre, montrent que les partenaires ne prennent pas soin l'un de l'autre. Au contraire, montrer et exprimer sa vulnérabilité devient une menace, car ce couple ne prend pas soin l'un de l'autre. Ce qui les rend plus fragiles, nuit à leurs blessures, augmente leur isolement et diminue leur sentiment amoureux.

CONSÉQUENCES DE NE PAS PRENDRE SOIN L'UN DE L'AUTRE

Voilà un couple où chacun risque de craindre l'autre. Ils ne peuvent pas se faire confiance et auront tendance à se cacher, par peur d'avoir mal. Les émotions réelles de chacun seront tues. C'est un couple où lorsqu'un des partenaires souffre, il s'isole de l'autre, par crainte d'avoir encore plus mal ;

on n'ose pas parler de ses zones sensibles et de sa vulnérabilité, notamment nos peines, nos blessures et nos peurs.

C'est une famille où la communication sera absente, spécialement dans les moments de souffrance, et dans laquelle les enfants tairont aussi leur vulnérabilité et leur sensibilité. On aura beau inciter les enfants à parler, si le modèle qu'on leur présente est le silence, ils choisiront le silence. Les passages souffrants de leur vie seront alors plus difficiles à vivre, car ils voudront se montrer forts plutôt que de se montrer vrais.

LA NON-RÉALISATION DE SOI

Un couple fragile, c'est un couple où l'on ne s'encourage pas mutuellement à se réaliser individuellement.

L'amour fait souvent naître ce paradoxe relationnel. On s'aime et c'est bon d'être avec l'autre, de profiter de ce qu'il est et de s'en nourrir ; on montre à l'autre ce que nous sommes. Puis, en même temps, avec le temps, toute réalisation individuelle est perçue de plus en plus comme une menace. Son goût des sports d'équipe, ses démarches de croissance personnelle, son ambition professionnelle, ses goûts de voyages, ses intérêts sociaux, sa passion pour la chasse et la pêche sont autant d'occasions d'insécurité et de découragement. « Pourquoi fais-tu cela ? » « Ça ne donne rien ! » « Ces gens que tu côtoies sont stupides ! » « Ça n'a pas de valeur, cette activité » « Tu perds ton temps ! » Voilà des phrases qu'on peut entendre, plutôt que « Ça m'inquiète, en vérité, ton activité, et tu me manques. »

Je vous propose ici une petite réflexion. Il faut d'abord s'arrêter et se poser quelques questions.

- Qu'est-ce qui vous menace en ce qui a trait aux activités et aux passions de votre partenaire ?
- Qu'est-ce qui, dans cette activité, est menaçant pour vous, précisément ? L'attitude de votre partenaire lorsqu'il pratique cette activité ? La philosophie de ce groupe ? Certains membres du groupe ? Le temps que l'autre y consacre ?
- Maintenant, il est temps de comprendre : est-ce une menace réelle pour votre couple ou vous sentez-vous insécure (imaginaire) ?
- Cette activité met-elle réellement votre relation amoureuse en péril ?

Par exemple : j'ai envie de suivre un cours pour le plaisir, pour me ressourcer, pour changer de carrière ou relancer la mienne, et l'autre me demande pourquoi je veux suivre ce cours. Il ou elle me dit que je n'en ai pas besoin, que l'on est bien ainsi, que je ne suis jamais satisfait de quoi que ce soit, que j'en veux toujours plus ; l'autre m'accuse de chercher à rencontrer quelqu'un d'autre, me dit que je ne suis plus bien avec lui ou elle, etc. Toutes ces réactions, bien humaines, sont le fruit de l'insécurité, de la peur de perdre l'autre. Plutôt que de lui en parler, je tente de le décourager, de le contrôler. On brime l'autre dans sa démarche de réalisation personnelle, et on risque fort de se demander la même chose, dans le but d'éviter de ressentir la menace de perdre l'autre. Ce qui, à moyen et à long terme, fragilise la relation.

Cas vécu

Réal adore faire de la moto et Jacinthe a peur. De plus, Réal a adhéré à un groupe de motocyclistes pour socialiser et faire des sorties. Chaque fois qu'il en parle ou qu'une sortie est prévue, Jacinthe devient rabat-joie.

« Tu pars encore faire de la moto, il n'y a rien de constructif dans cela, vous polluez la planète, et en plus, tu ne fais aucune activité sportive, ce qui est mauvais pour ta santé. Et dans ce club, ce sont tous des gens qui ne font rien de leur vie, à part de la moto. » Tout pour dévaloriser son activité et les gens qui la pratiquent, car en fait, Jacinthe est dérangée par cela. Elle se sent elle-même dévalorisée, car elle n'a pas de passion comme celle de Réal. Elle ressent un vide dans sa vie. De plus, elle a peur que Réal fasse de la moto parce qu'il s'ennuie avec elle, et elle craint qu'il rencontre une autre femme. Mais elle ne lui parle pas de son vécu et de ses peurs, ne cherche pas à se faire du bien et à se sécuriser, c'est pourquoi elle le décourage dans ses réalisations.

CONSÉQUENCES DE LA NON-RÉALISATION DE SOI

La conséquence première est l'abrutissement des partenaires, soit tout le contraire de l'acceptation, de l'évolution et de l'avancement personnel. Au lieu de favoriser le développement de notre partenaire, on encourage son aliénation, parce que cela est moins menaçant pour notre propre sécurité affective.

Une autre des conséquences est la création d'un climat d'étouffement qui nuit au potentiel de l'autre et à sa créativité individuelle ; les partenaires n'osent pas s'écouter dans leurs élans spontanés de créativité et n'arrivent pas à se faire confiance, puisque ce climat d'étouffement entretient le manque de confiance en soi. En découle aussi, avec le temps, une perte d'intérêt pour l'autre, à force de le voir éteindre lui-même sa propre individualité et son potentiel ; par la suite, souvent, ce désintérêt fait place à une diminution de la passion, puis à la mort de l'amour qui as d'abord uni ce couple.

La conséquence familiale, c'est le modèle de non-encouragement mutuel – et parfois même de découragement des réalisations individuelles –, qui est présenté aux enfants. C'est le modèle des partenaires qui, une fois ensemble, une fois engagés, cessent d'évoluer et perdent de vue la passion qui les unissait. Les enfants risquent fort de répéter ce schème de restriction ; ils risquent de se méfier de l'engagement amoureux, par peur d'étouffer et de se perdre. De plus, souvent, le développement individuel des enfants est découragé. On observe ainsi que des parents favorisent le développement des enfants dans une voie qu'eux-mêmes auraient aimé suivre, mais qui ne correspond pas nécessairement aux aspirations de leur enfant. Celui-ci se voit ainsi privé de son propre potentiel et de sa propre créativité. Et la non-réalisation de soi se perpétue.

LES PLAISIRS PERSONNELS

Un couple fragile, c'est un couple où les plaisirs de chacun prennent le dessus sur les besoins affectifs d'écoute, d'amour, de sécurité, d'affirmation, de reconnaissance, de liberté et de créativité.

Le plaisir est un sujet sensible, j'en suis conscient. Il peut être générateur de culpabilité, parce qu'il nous ramène à nos racines judéo-chrétiennes, c'est-à-dire que le plaisir est très souvent synonyme de péché. Mais vient rapidement le désir de s'affranchir de cette culpabilité et celui de se donner le droit au plaisir. On a pu observer ces deux tendances dans les mouvements sociaux des années 1960, mais on les retrouve aussi dans des démarches plus individuelles.

C'est pourquoi induire ici que le plaisir qui passe *avant* la relation fragilise le couple peut réveiller un sentiment de « déjà entendu » et de « moralisateur », et réveiller ce combat intérieur opposant la liberté par le plaisir et la culpabilité.

Je ne parle pas ici des plaisirs en termes moraux, mais en termes de priorité. Il est démontré clairement que le plaisir est une composante positive de la santé mentale. Il doit avoir une place dans notre vie, c'est une question d'équilibre, sans quoi notre vie risque de perdre de la saveur et de ne pas avoir de sens.

Par exemple, en tant que thérapeute en relation d'aide (TRA), formateur et conférencier, j'exerce ma profession dans le monde des émotions, de la souffrance et de la profondeur. À certains moments, j'ai besoin d'équilibrer ma vie par le rire, par la légèreté, en m'amusant.

Donc, encore une fois, je ne parle pas de la notion de plaisir dans une perspective morale, mais je signale que si la priorité est donnée aux plaisirs au détriment de la santé de la relation affective et de la satisfaction des besoins affectifs, alors le déséquilibre tant dénoncé dans les années 1960 s'inverse. Le plaisir d'abord, la relation ensuite : la conséquence sera inévitablement la fragilisation du couple.

Par exemple, c'est lorsque l'envie de sortir avec mes amies devient plus importante que mon besoin d'amour, de sécurité et d'attachement à l'autre. C'est lorsque mon envie d'écouter mon match de football devient plus important que ton besoin d'amour, que mon besoin de sécurité et que notre besoin d'écoute. C'est lorsque la consommation d'alcool et de drogue prime sur les besoins affectifs et sur notre relation. C'est lorsque le plaisir sexuel devient plus important que la relation sexuelle elle-même.

Encore une fois, ce ne sont pas des jugements moraux que je porte, mais je constate que si la priorité est donnée aux plaisirs et non pas à la relation, cela fragilise le couple. N'oublions pas que ce qui soude la relation, c'est la satisfaction des besoins affectifs d'écoute, d'amour, de sécurité, d'affirmation, de reconnaissance, de liberté et de créativité.

Plus le plaisir personnel de chacun passe avant la relation, moins les besoins seront satisfaits ; plus l'on voudra compenser par le plaisir, plus on risque de chercher ailleurs ce qui nous manque chez nous, et plus la relation sera fragilisée.

Cas vécu

Mario était un épicurien : la bonne bouffe, le bon vin, son jardin, ses sports, sa voiture, recevoir ses amis et avoir des relations sexuelles. Toutes des choses plaisantes en soi. Sauf que chaque fois qu'il devait choisir entre le plaisir et les besoins relationnels, il choisissait son plaisir, au détriment de ses besoins affectifs. Cette attitude n'est pas condamnable, particulièrement lorsqu'on sait de quel milieu provenait Mario. Il s'agissait d'une famille pauvre sur le plan affectif, mais aisée sur le plan financier, chacun vaquait à ses plaisirs, et ce, de façon individuelle. La compensation était leur mode de fonctionnement. C'est pourquoi Mario, n'ayant pas appris à prioriser la relation affective et la satisfaction des besoins affectifs par la communication, n'arrivait pas à se bâtir une relation stable et nourrissante. C'est pourquoi ses conjointes avaient le sentiment d'être utilisées, comme si elles faisaient partie de ses objets de plaisir. Surtout que Mario – choisissant le plaisir –, avait la fâcheuse habitude d'avoir des aventures sexuelles, ce qui blessait toutes ses conjointes, qui finissaient par le laisser.

Il faut parfois savoir fermer le téléviseur, lâcher la fourchette, dire non à une occasion de sortie ou à une partie de golf pour prioriser non pas l'autre, mais la satisfaction des partenaires en mettant de l'avant l'investissement amoureux.

C'est ce que Mario n'arrivait pas à faire, et qu'il doit apprendre à faire, s'il veut réussir à se construire un couple fort et satisfaisant.

Le plaisir est une source de satisfaction, mais il peut aussi devenir, comme pour Mario, une sorte de refuge contre la peur de l'intimité et de l'engagement. Il a peur, s'il baisse ses défenses, s'il enlève son armure et s'attache à l'autre, d'être mis en contact avec sa peur de souffrir, sa peur d'être abandonné s'il se laisse aller à aimer, comme il l'avait ressenti de nombreuses fois en tant qu'enfant, lorsqu'il s'ouvrait à ses parents à propos de ses peines, de ses souffrances, de ses besoins affectifs, de ses besoins d'amour, de ses besoins d'écoute, de sécurité et de reconnaissance. Bien qu'il fût nourri et habillé, il n'était jamais cajolé ni écouté et ne se sentait pas aimé. Il était difficile pour ses parents de lui donner ce qu'eux-mêmes n'avaient pas reçu.

CONSÉQUENCES DES PLAISIRS PERSONNELS

Un couple fragile, c'est un couple où chacun est centré sur lui-même, un couple où il est difficile de s'accommoder, dans lequel il y a peu ou pas de souplesse face à ce qui pourrait priver d'un plaisir. C'est un couple où il y a peu de chances que chacun fasse son bout de chemin pour aller rejoindre l'autre, un couple où chacun est pris dans un système de compensation des manques affectifs par le plaisir individuel ; c'est un couple en manque d'équilibre entre le plaisir et la satisfaction des besoins affectifs. Et souvent, c'est un couple dont les partenaires, par manque de communication concernant les besoins et en raison d'une difficulté à exprimer leur vulnérabilité – qui devient souvent un prétexte pour fuir en cherchant certaines compensations – se sentent isolés. La vulnérabilité que les partenaires ont du mal à exprimer est liée en fait aux peines, aux manques, aux blessures et aux besoins.

Les enfants risquent à leur tour de devenir égocentriques, centrés sur leurs plaisirs, loin de leur vie affective, peu sensibles aux autres, et en demande perpétuelle et grandissante de compensations matérielles.

LES PROJETS COMMUNS

Un couple fragile, c'est un couple qui n'a pas de projets communs, ce qui sous-entend : « Je n'ai pas envie de faire ma route avec toi. »

Un couple sans projets communs, c'est comme un aventurier sans carte et sans objectif. C'est comme un marin sur son voilier qui se dirige sans gouvernail, et sans savoir vers quel port il navigue. Il est à la merci du vent et des intempéries ; ce n'est pas lui qui commande.

Un couple sans projets communs, c'est un couple sans engagement. On fait quoi ensemble ? Où va-t-on ensemble ? Sans projets communs, la relation n'a pas de sens, et chacun risque de devenir un témoin impuissant, qui regarde la passion de son couple s'éteindre.

Un couple sans projets communs, c'est un couple fragile, car chacun n'a plus la possibilité de se réaliser au sein de cette même vie de couple, mais uniquement à l'extérieur de la relation. Cela suscite un désinvestissement graduel de la relation amoureuse. Le besoin de se réaliser et de créer est essentiel ; chacun se réalisera donc ailleurs et non pas dans la relation. Ce manque de projets communs devient un espace perdu pour le couple, qu'il aurait pu utiliser pour se retrouver, s'écouter, partager, créer, se réaliser, s'affirmer, se valoriser et s'aimer. C'est un gâchis d'espace amoureux et de beaux moments perdus.

Je rencontre souvent, en thérapie relationnelle, des couples qui ont des projets communs (que ce soit l'éducation des enfants, la sécurité financière, la sexualité ou la bonne forme physique), mais n'en sont pas conscients, ce qui les empêche de s'en nourrir et de s'y investir encore plus. Ne pas les reconnaître est encore une fois une façon de ne pas s'engager dans la relation. Ces projets communs sont ainsi banalisés ou niés, ce qui leur enlève de la valeur, et nuit à la notion d'équipe.

Cas vécu

André et Julie sont en couple depuis huit ans et sont très indépendants l'un de l'autre. Ils ont une vie personnelle active, ainsi que plusieurs passions. Par contre, ce qui frappe lorsqu'on les regarde vivre, c'est qu'on ne les voit jamais ensemble. Chacun vaque à ses responsabilités, à ses plaisirs et à ses occupations indépendamment de l'autre. André fait du vélo de son côté, pendant que Julie s'occupe de leur fils. Julie va à son cours de peinture pendant qu'André travaille dans son atelier. Julie écoute son émission de décoration pendant qu'André écoute son football, et ainsi de suite. Il n'y a plus de temps passé ensemble à construire, à être complice, à se parler dans le but de réaliser un projet. C'est une forme de solitude qui atténue le besoin d'être ensemble.

CONSÉQUENCES DE L'ABSENCE DE PROJETS COMMUNS

Quel raison y a-t-il à être en couple si les partenaires ne s'engagent pas ? Que représentent les projets communs ? Une fois que la passion du début s'est transformée, que découvrir l'autre nous intéresse moins et que la nouveauté sexuelle est passée, s'il n'y pas de projets communs, c'est le vide relationnel, l'éloignement, et souvent le manque d'intérêt à être ensemble.

Les questions qui apparaissent alors, et qui viennent hanter et tirailler les partenaires sont les suivantes. « Qu'est-ce qu'on fait ensemble ? » « Pourquoi suis-je avec cette personne ? » « Où s'en va-t-on ensemble ? » « Où est-ce que je vais avec cette personne ? » Les réponses à ces questions sont souvent l'ennui et l'insécurité. Ces émotions souffrantes s'installent et constituent des alarmes qui nous avisent que l'on n'a pas de projets communs. Si la relation se poursuit dans ces conditions, les partenaires risquent d'aller combler ailleurs le manque qu'ils ressentent. Ces émotions souffrantes risquent de déteindre sur l'ambiance familiale, et générer de l'insécurité chez les enfants, car le couple présente un symptôme de fragilité. C'est ce modèle de couple sans but commun qui sera présenté aux enfants, qui risquent éventuellement de ne pas voir leur conjoint comme un partenaire et un complice, mais comme une personne qui le complète ou que lui-même complète, sans plus. « Je fais cette tâche et tu fais l'autre », indépendamment l'un de l'autre. L'un sert d'extension aux objectifs de l'autre, mais il n'y a pas d'espace d'évolution et de complicité dans le couple, il n'y a pas d'objectifs communs.

LA FIERTÉ MUTUELLE

Un couple fragile, c'est un couple dans lequel les partenaires ne sont pas fiers l'un de l'autre.

Chez plusieurs couples, la critique et les jugements viennent souvent beaucoup plus facilement que la reconnaissance des qualités, des forces et des bonnes réalisations de l'autre. Il est facile de critiquer la nourriture qu'il ou elle prépare, les vêtements qu'il ou elle choisit, sa façon de faire les travaux ménagers ou d'entretien, et en même temps si difficile de lui dire « bravo ! » ou « merci pour ce bon repas ». Il est difficile de lui exprimer que l'on apprécie sa façon de prendre soin de nous, d'être avec nous. Et difficile encore, parfois, de souligner devant les autres à quel point nous pouvons compter sur lui ou sur elle.

En critiquant l'autre, nous encourageons le manque de fierté à son égard. Nous posons du même coup un regard négatif sur la personne qui nous accompagne, ce qui aura aussi pour conséquence d'entretenir le regard négatif de l'autre sur nous, puisque celui-ci sera blessé par notre attitude de juge et de critique. Ce qui tue l'amour. C'est ainsi que l'estime de chacun sera blessée. Car, le regard négatif de l'autre posé sur nous ou le nôtre sur lui ternit l'image qu'on a de soi ou de l'autre. Il est difficile de s'aimer soi-même quand le reflet de l'autre est négatif.

Les émotions de mésestime de soi ressenties en présence de l'autre fragmentent le plaisir d'être en sa compagnie, et détruisent l'amour qu'on a pour lui. Le risque est grand, alors, d'aller chercher ailleurs la valorisation manquante, ce qui fragilise encore davantage la relation. On finit par fuir et éviter une telle relation parce que celle-ci génère plus de « désagréable » que d'« agréable ».

Cas vécu

Je recevais, en thérapie de couple, Paul et Dina. La valeur qu'ils donnaient à l'autre différait énormément entre ce qu'ils disaient ressentir et ce qu'ils démontraient réellement. Cela fut particulièrement frappant lorsqu'ils durent dire ce qu'ils n'aimaient pas de l'autre, et ce qu'ils trouvaient positifs chez l'autre.

Paul trouvait que Dina n'était pas assez chaleureuse, qu'elle était trop dépensière, lente à assumer ses responsabilités, pas assez fière... Dina trouvait que Paul était trop préoccupé par l'argent, trop compétitif, pas assez présent... Ainsi, Paul, dans un premier temps, passa sous silence à quel point Dina était soucieuse de la communication dans leur couple, à quel point elle avait du goût pour décorer la maison, comment elle était créative sur le plan des activités de couple et de famille, et à quel point elle prenait le temps de bien faire les choses... Pour sa part, Dina ne reconnaissait pas, au travers de ses critiques envers Paul, ses qualités « d'économe » et de bon gestionnaire du budget ni sa capacité à s'affirmer, ce qui avait une grande influence sur leur réussite financière, ni à quel point il était investi dans son travail, et sécurisant pour sa famille.

Toutes ces critiques étaient des prétextes pour laisser sortir une frustration qui provenait justement du manque de reconnaissance, d'amour et de fierté de soi et de l'autre. Même que chacun ne se gênait pas pour émettre certains commentaires négatifs concernant l'autre devant des amis et des membres de la famille. Ce même fonctionnement se répétait bien sûr en consultation devant moi, et ajoutait sans cesse à leur frustration mutuelle. Pas de fierté à l'égard de l'autre égale moins d'amour l'un envers l'autre. Ce qui fragilise le couple.

CONSÉQUENCES DE L'ABSENCE DE FIERTÉ MUTUELLE

C'est un couple qui ne nourrit pas l'amour à long terme. C'est un couple dont le temps qui passe, plutôt que d'agir comme un allié favorisant l'attachement amoureux, est un facteur d'éloignement et d'ennui. « Je te regarde, et je ne sais plus pourquoi je t'ai choisi. » « Je te regarde et je n'ai plus de papillons dans mon ventre. » « Je ne vois plus ce que je trouvais beau chez toi, ce que j'admirais et ce que j'aimais. » « Souvent même, au contraire, je ne manque pas de remarquer ce qui m'agace chez toi, ce que je n'aime pas et ce que je trouve laid. » On présente aux enfants, en guise de modèle, un couple qui s'enfonce dans la non-appréciation de l'autre, et l'ennui d'être avec lui, et on peut prévoir que, dans leurs relations à venir, ces enfants auront du mal à entretenir l'amour pour leur partenaire et à l'admirer.

LES PIÈGES DE L'IDÉALISATION

Un couple fragile, c'est un couple dont la relation est basée sur l'idéalisation de l'autre et de la vie à deux, et non pas sur la réalité.

Très fragile est – et restera – le couple basé sur le rêve, sur l'imaginaire amoureux, sur ce que j'aimerais que soit le couple, sur ce que j'aimerais que tu sois, ce qui se substitue à ce que sont vraiment l'autre et la relation. Chaque difficulté sera une source de déception et apportera un nouveau motif de désengagement. On ne peut faire face à ces événements et se solidifier en même temps. Chaque difficulté sera accompagnée d'une remise en question plutôt qu'une recherche de solution.

« Je ne pensais pas que tu te mettrais en colère », dira le partenaire en voyant sa conjointe se fâcher. « Je suis déçu de ça, et je ne suis pas certain que l'on soit faits l'un pour l'autre », pourra-t-il même ajouter. « Je ne croyais pas que tu pouvais être aussi sensible et aussi peureux », dira-t-elle en le voyant inquiet et blessé. Devant la timidité de l'autre : « Je ne croyais pas que tu aurais autant de pudeur ». « Il faudra que tu travailles ça, que tu changes cela », ce qui laisse planer la menace de la séparation, ce qui génère de l'insécurité. Il n'y a pas de place pour apprendre à connaître l'autre comme il est réellement.

La première étape, celle de la fusion et de l'idéalisation caractérise souvent les débuts d'une relation. Le problème, c'est l'adaptation à la désillusion. Le refus de faire avec la réalité. Ce qui met une pression énorme sur chacun des partenaires et empêche l'un et l'autre d'être authentiques.

La première étape, celle de la fusion et de l'idéalisation, caractérise souvent les débuts d'une relation. Le problème, c'est l'adaptation à la désillusion. Le refus de faire avec la réalité. Ce qui met une pression énorme sur chacun des partenaires et empêche l'un et l'autre d'être authentiques. Ce qui a aussi comme effet d'étouffer chacun en raison de la peur de perdre (« si jamais je montre encore cette partie de moi à l'autre »), et génère souvent – au lieu d'un ajustement sain à l'apprentissage de ce que l'autre est réellement –, de l'amertume face à la relation et face à l'autre. Il s'agit d'une impression d'avoir été dupé, manipulé, berné par l'autre, quand en fait, chacun, d'une façon naturelle, dans son besoin de séduire et d'être aimé, présente ce qu'il a de mieux. Le reste de la découverte de l'autre suivra naturellement.

Dans un tel fonctionnement, la communication devient difficile, voire impossible, car elle ne peut être basée sur l'authenticité de l'un ou de l'autre. Si chacun, croyant protéger sa relation, cache à l'autre ce qu'il est réellement, la relation devient vite étouffante ; il arrive inévitablement un moment où l'on ne peut plus cacher qui l'on est vraiment. C'est alors la fuite ou la démission (« je cesse de m'investir »). Les risques d'aller voir ailleurs augmentent en raison de ce manque de liberté au sein du couple. Il y a alors une brèche dans la relation qui se forme, et qui fragilise le couple.

Cas vécu

Cela me fait penser à Michel. Malgré toutes ses années de mariage, Michel avait toujours eu l'impression que sa femme l'avait trompé, trahi et manipulé, qu'elle ne lui avait pas montré son vrai visage. Au début, il la percevait comme étant douce et transparente, prompte à communiquer ce qu'elle vivait. Puis, après la venue de leur premier enfant, elle se mit à changer, devint plus colérique et s'isola. Ce qui déplut énormément à Michel. Il trouvait très difficile de faire face à ce changement. D'abord parce qu'en raison de la colère, il devenait lui-même très agressif, même violent verbalement, ce qu'ils n'avaient jamais eu à vivre ensemble auparavant. En fait, c'est une situation qu'ils avaient l'un et l'autre fuie toute leur vie, en se disant qu'ils ne voudraient jamais d'un conjoint comme ça. Devant l'isolement de sa conjointe, Michel se sentait terriblement seul et abandonné, et cette situation le faisait souffrir. Plutôt que de s'ajuster à cette réalité, par la connaissance de lui-même, de sa souffrance d'abandon, de son fonctionnement de bourreau, et par la communication, Michel tomba dans les reproches, la colère, l'alcool et l'isolement. Il en tint rigueur à sa femme toute leur vie – et elle aussi –, jusqu'au jour où il la quitta, ce qu'il aurait dû faire, disait-il, dès le début. À la suite de cette séparation, il partit à la recherche de cet idéal : une femme douce et communicative, qui ne réveillerait pas son sentiment d'abandon, son agressivité et sa violence.

Ce qu'il ne rencontra bien sûr jamais, car la colère et l'isolement sont des attitudes humaines. Michel ne réalise pas, à ce moment, que son attitude de juge et de bourreau entretient précisément l'isolement et la frustration de sa conjointe. Les deux se font mutuellement souffrir, enfoncés dans différents systèmes relationnels : abandonnique et déserteur, bourreau et victime, et enfin, juge et coupable.

Cas vécu

Je me rappelle, aujourd'hui avec le sourire, l'un de ces premiers moments de notre vie de couple, où nous avons dû procéder à un tel ajustement. Cela faisait quelques semaines que nous sortions ensemble. Il y avait un gars qui côtoyait ma blonde à l'école et qui avait appris avec surprise que nous sortions ensemble. Il était alors allé voir ma copine pour l'aviser de mon passé violent et de mes difficultés sur le plan social. Elle avait effectivement remarqué que j'étais plutôt impulsif, mais elle fut quand même très étonnée, car elle ne me voyait pas du tout comme il me décrivait. Ça l'a bousculée et elle a craint de s'être trompée sur moi. Elle a aussi eu peur de ne pas être capable de vivre avec cette réalité. Bien sûr, plutôt que de se taire et de s'éloigner, elle est venue m'en parler. Lorsque je lui ai confirmé certaines choses, elle a pris ses distances, et elle a dû repenser son choix. D'accord pour le passé violent, car c'était du passé, mais pour l'impulsivité et les difficultés sociales, il faudrait que ça change. Cela a pris plusieurs années pour que Marie-Josée accepte ces côtés de moi, mon impulsivité et ma gêne. C'est en travaillant sur elle pour s'affirmer, donc à ne pas se censurer dans ses relations, qu'elle trouva la source de sa satisfaction, plutôt que d'essayer de me changer. Il en fut de même pour moi, lorsque je pris conscience, après quelques années de fréquentation, à quel point Marie-Josée était une femme naturellement indépendante : même refus de la réalité. D'abord la négation, puis la colère, le goût de la changer et le désir de la quitter. Un processus qui a perduré de nombreuses années, d'ailleurs, jusqu'à ce que je travaille à mon tour sur mes souffrances en lien avec son indépendance et mon *processus d'idéalisation. La relation amoureuse est restée fragile pendant toutes ces années.*

En ce sens, en lien avec l'agressivité, on doit apprendre à faire la différence entre se montrer authentique, être agressif, menaçant et intimidant, et gérer son attitude défensive.

CONSÉQUENCES DE L'IDÉALISATION

Le couple qui vit dans l'idéalisation et non pas dans la réalité est un couple qui a beaucoup de difficultés à faire face aux intempéries amoureuses. Dès que le rêve sera bousculé par les attitudes de l'un des partenaires, ce sera la déception. « Je ne pensais pas que tu étais comme ça. » C'est la remise en question perpétuelle du couple, la culpabilisation de la personne qui semble briser le rêve et, par le fait même, l'étouffement des partenaires. Le message lancé par le partenaire qui idéalise l'autre sera le suivant : « Demeure comme je voudrais que tu sois (doux, douce, responsable en tout temps, fort, forte). » C'est-à-dire : « Sois conforme à mon rêve de partenaire idéal et de couple rêvé, et non toi-même. » Ce message signifie aussi : « Je veux demeurer ainsi, dans le but de conserver mon image du couple. » Il n'y aura donc pas de possibilités d'ajustement à partir de ce qu'est réellement chacun des partenaires. C'est l'expression des émotions désagréables, particulièrement, qui sera évitée. Ce seront l'*image* et le *personnage* qui seront valorisés, plutôt que la vraie personne.

Ce modèle « idéal » est celui qui sera présenté aux enfants, qu'on leur demandera de suivre et de perpétuer, sous-entendant qu'être authentique peut s'avérer menaçant et dangereux, autant pour soi-même que pour l'autre.

LES BLESSURES

Un couple fragile, c'est un couple dans lequel on entretient et ravive les blessures, davantage qu'on tente de les soigner.

Dans la relation, vient un moment où l'on apprend à connaître intimement l'autre. On découvre bien sûr ses qualités insoupçonnées mais aussi ses blessures, parfois surprenantes. Par exemple : « Ta relation avec ton père, laquelle te fait tant souffrir puisque tu te sens rejeté. » « Ton sentiment de culpabilité qui t'amène à te mettre en colère et à te justifier. » « Tes expériences d'abandon qui te rendent angoissé lors de nos conflits, qui te mettent dans un état de grande vulnérabilité, laquelle me bouleverse. » « Ta dernière relation amoureuse qui te laisse avec une telle peur de l'échec. » « Ta difficulté, avec les enfants, à t'affirmer ou à entrer en relation avec eux sur le plan affectif. » « Tes difficultés sociales et professionnelles, ta difficulté à prendre ta place. » « Ta difficulté à gérer l'argent et à te responsabiliser. » « Ta difficulté à t'affirmer en ma présence. » Et d'autres difficultés encore. Ce sont des attitudes ou des comportements liés à des sentiments d'infériorité, de culpabilité, d'abandon, d'insécurité affective ou d'humiliation, que l'on découvre chez l'autre avec le temps et les expériences vécues ensemble.

Ces apprentissages sont autant de connaissances qui peuvent initier un rapprochement profond et sincère ; mais ces nouvelles données peuvent devenir des outils particulièrement efficaces pour blesser l'autre et pour exercer son pouvoir. Il peut s'agir de commentaires. « Tu n'as pas de colonne vertébrale. » « Tu n'es qu'une mauviette. » « Règle tes problèmes. » Et bien d'autres.

Un couple qui profite de ses connaissances de l'autre pour le blesser et l'atteindre dans ses zones sensibles, ses complexes ou ses blessures, brise l'intimité amoureuse.

Le partenaire d'un couple qui utilise ses connaissances de l'autre pour le blesser et l'atteindre dans ses zones sensibles, ses complexes ou ses blessures, brise l'intimité amoureuse. Une telle façon de faire laisse des traces – la personne peut avoir peur d'être blessée de nouveau. La personne peut se sentir inférieure ou coupable. Parfois, elle cherche même à se venger de façon plus ou moins subtile. S'ensuivent d'autres occasions de s'éloigner et d'aller voir ailleurs. Il s'agit là d'un cercle vicieux qui affaiblit le couple au lieu de le solidifier.

Cas vécu

Sylvie est aux prises avec un sentiment d'infériorité dont elle a parlé à Hector, et Hector a une propension à se sentir coupable, ce que Sylvie sait. Un soir, au cours d'un souper en famille durant lequel ils s'adonnaient à un jeu de société, Hector se mit à ridiculiser la difficulté à Sylvie de comprendre les règles du jeu, et cela, tout en sachant très bien que ça la blessait. Plus elle s'enfargeait dans les règles, plus il en rajoutait, jusqu'à ce qu'elle se retire enfin du jeu. Cela ne fit qu'ajouter à son sentiment d'infériorité. Puis, Sylvie, tout en les regardant jouer, se mit à faire un parallèle entre la façon de jouer d'Hector, lequel était compétitif, et le fait qu'elle le trouvait sans cœur dans la vie et égocentrique, jusqu'à ce que Hector se mette en colère. Un tempérament agressif que Sylvie ne manqua pas de souligner. C'était un système relationnel que l'on retrouvait régulièrement dans la famille, c'est-à-dire s'en prendre à l'autre là où ça fait mal, rouvrant les blessures au lieu de les panser en reconnaissant les zones sensibles de l'autre.

CONSÉQUENCES DES BLESSURES ENTRETENUES OU RAVIVÉES

Des partenaires qui usent leur amour à force de raviver leurs blessures génèrent des émotions désagréables et souffrantes, plus que des émotions agréables. C'est un couple dans lequel on enseigne la méchanceté plutôt que le respect et la sensibilité à l'égard de l'autre. C'est un couple où l'on enseigne l'isolement plus que la communication, la méfiance plus que la confiance. C'est un couple où les partenaires risquent d'aller voir ailleurs pour se faire du bien. C'est un couple qui se fragilise en rendant le monde extérieur attrayant, qui compte sur lui pour être heureux, plus que sur la relation amoureuse. C'est un couple qui ne favorise pas le développement positif de chacun, car une fois que l'on est blessé, l'on devient une personne défensive, réactive, et il n'y a plus de place pour une communication « soignante ». Ce fonctionnement de bourreau et de victime sera le modèle proposé et répété par les enfants. En conséquence, cette attitude crée un milieu familial dans lequel l'un des deux parents, souvent la « victime », devient le souffre-douleur. Ce qui divise la famille encore plus.

FAUTE ET RESPONSABILITÉS

Un couple fragile, c'est un couple où c'est la faute de l'autre, où la responsabilité incombe à l'autre.

La difficulté à se remettre en question et la tendance à rendre l'autre responsable de nos malaises et de nos difficultés sont des attitudes que l'on rencontre très fréquemment autour de soi (et chez soi aussi, ajouterais-je !), tant sur le plan professionnel qu'en famille, en amour et en amitié.

Concrètement, le manque de responsabilité, c'est la différence bien connue, mais rarement appliquée, entre s'adresser à l'autre en disant « tu », et le faire en disant « je ». Cela étant, le manque de responsabilité, c'est aussi lorsqu'un « je » cache un « tu ».

Par exemple : « Je trouve que tu es une personne égoïste. » Ça ne parle pas de moi, mais de l'autre ; c'est un jugement, je juge que l'autre est égoïste. Parler de façon responsable, ça pourrait ressembler à ceci : « Je vois que j'ai de la difficulté à me donner de l'importance en ta présence. C'est ce qui m'amène parfois à te juger comme étant égoïste. En fait, ça me parle de mon éducation, où il me fallait faire passer l'autre avant soi, sous peine de réprimandes. »

C'est très souvent ainsi lors d'une situation conflictuelle, et je ne m'exclus pas. Le problème, dans ce processus, c'est qu'on voit l'autre à la fois comme le problème et, par le fait même, comme la solution. Donc le message qui est envoyé est le suivant : « C'est toi qui n'es pas correct ; si tu changes, tout ira pour le mieux. »

La conséquence de l'irresponsabilité, c'est la perte de pouvoir sur soi, par le pouvoir sur l'autre ; cela ne relève pas d'une question morale (à savoir si l'un ou l'autre n'est pas correct).

Effectivement, comme le dit si bien madame Portelance dans son livre *Aimer sans perdre sa liberté*, la responsabilité, c'est le choix entre la liberté par le pouvoir sur soi, ou la perte de liberté par le pouvoir sur l'autre. C'est pourquoi on dit que la conséquence de l'irresponsabilité, c'est la perte de pouvoir sur soi, par le pouvoir sur l'autre ; cela ne relève pas d'une question morale (à savoir si l'un ou l'autre n'est pas correct).

Lorsque le problème et la solution se limitent à « toi ! » ou « tu ! », ni l'un ni l'autre n'a de pouvoir sur la problématique, le conflit ou la difficulté. Tout dépend de l'extérieur.

Très souvent, dans cette dynamique, nous avons tellement peur de nous sentir coupables ou responsables ou de souffrir du sentiment de ne pas être correct ou de l'impression d'être inférieur à l'autre, que lorsque survient une difficulté, on accuse automatiquement l'autre ; on l'accuse et on le responsabilise, et ce, bien souvent malgré tous les livres lus sur le sujet, toutes les formations et toutes les thérapies suivies. Le réflexe demeure ; il devient alors important de se donner le droit que cela puisse arriver, et de se reprendre. À court terme, c'est tellement plus facile, tellement plus confortable de se dire et de se convaincre que c'est l'autre qui a un problème, plutôt que de s'interroger et de se responsabiliser.

L'idée n'est pas non plus de tout se mettre sur le dos, mais d'avoir du pouvoir sur la situation, en se responsabilisant, dans le but de découvrir comment on contribue à cette situation. Cette capacité à se responsabiliser sans se culpabiliser est l'une des qualités les plus rares qui soient. La tendance défensive, que l'on retrouve dans tous les milieux de notre société, détruit la relation amoureuse ; elle installe et entretient les systèmes relationnels insatisfaisants du juge et du coupable, du supérieur et de l'inférieur, du dominant et du dominé et du déserteur et de l'abandonnique.

En outre, la communication devient impossible, car se parler se traduit par : « Allez ! Avoue que c'est de ta faute », plutôt que par : « Je suis désolé, je réalise que je me suis emporté et que j'ai mal évalué la situation, je vois que ça m'a fait mal, et j'ai tenté de te blesser plutôt que de te parler. »

C'est ainsi qu'en ne se responsabilisant pas sur le plan relationnel et affectif à propos de nos blessures, de notre fonctionnement défensif et de nos besoins, on a l'occasion de démontrer à l'autre à quel point il n'est pas adéquat, et qu'il doit se repentir. Chacun tente alors de se disculper plutôt que de s'écouter. Cette attitude se répétera chaque fois que l'un des deux partenaires aura mal, aura peur ou se sentira blessé.

La quasi-totalité des couples que je rencontre en thérapie sont pris dans cette dynamique autosaboteuse qui use la relation à un point tel que le découragement, souvent, s'y installe.

Effectivement, et il est triste d'en être témoin : la quasi-totalité des couples que je rencontre en thérapie sont pris dans cette dynamique autosaboteuse qui use la relation à un point tel que le découragement, souvent, s'y installe. De plus, chacun en vient à détester l'autre, à force de détester l'image que l'autre lui reflète de lui-même, en raison de l'irresponsabilité.

Cas vécu

Paul et Claudia forment une famille reconstituée. Le fils de Paul demeure avec eux à temps plein. Paul ressent de la culpabilité à l'égard de son fils depuis la séparation d'avec sa première femme. Et, en raison de cette culpabilité, il a de la difficulté à encadrer son fils et à lui imposer des limites. Claudia, pour sa part, est une femme qui a peur de ne pas être importante pour Paul, ce qui génère chez elle une forme de rivalité ; elle est jalouse du fils de son conjoint. Lorsque le fils de Paul fait une demande financière, Paul accepte d'emblée, voyant là une occasion de soulager sa culpabilité, ce dont il est conscient ; il agit malgré tout ainsi. À ce moment, Claudia ne se sent pas importante, car elle pense aux fois où Paul lui dit non lorsqu'elle fait de telles demandes. Et, en raison de son sentiment de jalousie et de cette rivalité, elle se met en colère et accuse Paul de ne pas avoir de colonne vertébrale. Ce qui amène aussitôt Paul à la traiter d'immature et d'égoïste. Dans cette situation, ni l'un ni l'autre ne se responsabilise et ne s'exprime sur son vécu, ainsi que sur sa réaction défensive. Claudia ne parle pas de sa jalousie, de sa peur de ne pas être importante et de ses inquiétudes face aux manques et aux limites de Paul. Et Paul ne parle pas de sa souffrance et de sa culpabilité de façon responsable. Il n'aborde pas non plus sa peur que son fils soit marqué par le divorce. Les attitudes défensives se répètent ainsi chaque fois que leur souffrance mutuelle est réveillée.

CONSÉQUENCES DU REJET DE LA FAUTE ET DE LA RESPONSABILITÉ

C'est un couple sujet aux conflits et à l'usure par la communication défensive. Dans ce système impliquant un juge et un coupable, la communication sert à démontrer que ce qui ne va pas est la faute de l'autre ; la communication ne devient pas un espace pour écouter l'autre et s'exprimer de façon sensible sur son vécu. C'est un couple où l'on entretient la culpabilité par les accusations et les justifications ; un couple où la communication éloigne les partenaires plutôt que de les rapprocher, où parler décourage plutôt que d'encourager, et insécurise plutôt que de rassurer.

Bien entendu, les enfants apprendront tôt à se justifier et à se défendre, plutôt qu'à écouter ce qu'ils ressentent et être attentifs à l'autre. Ils se cacheront plutôt que de se dévoiler, mentiront au lieu de se responsabiliser.

En conclusion, les conséquences plus générales découlant des différentes dynamiques de couples fragiles sont le manque d'amour pour chacun des partenaires, la profonde insatisfaction, le manque de sécurité affective, la souffrance du découragement et les fonctionnements de non-affirmation. L'insécurité risque d'engendrer d'autres problèmes, comme des pratiques professionnelles effrénées, l'accumulation excessive et démesurée d'argent, etc. Peuvent s'ensuivre la mésestime de soi, la frustration et, souvent, la fermeture du **cœur**.

Chapitre 2

Le couple fort et ses impacts positifs

Un couple fort, c'est un couple dont les partenaires réussissent, grâce à leurs sentiments amoureux et leurs attitudes constructives, à tisser des liens, à les entretenir et à faire grandir les sentiments qu'ils ont l'un pour l'autre, soit l'amour, l'attachement, la complicité, le désir, l'engagement et la sécurité. Ce qui a pour effet nourrissant de les unir l'un à l'autre, de plus en plus profondément et de plus en plus intensément. Dans ces conditions, le temps qui passe devient un allié pour le couple, plutôt qu'un ennemi générateur d'ennui, de distance et de routine.

Un couple fort, c'est un couple dont les partenaires réussissent, grâce à leurs sentiments amoureux et leurs attitudes constructives, à tisser des liens, à les entretenir et à faire grandir les sentiments qu'ils ont l'un pour l'autre, soit l'amour, l'attachement, la complicité, le désir, l'engagement et la sécurité.

Les caractéristiques du couple fort, présentées ici, ont été élaborées grâce à plusieurs années de recherche, de lectures, d'observations et de mise en application personnelle et professionnelle. Elles ont surtout la particularité de baliser concrètement, tels les inukshuks, la route du couple. Elles guident le couple dans leurs actions concrètes, ce qui contribue à rendre le couple plus fort.

LA COMMUNICATION

On parle ici de communication personnelle et intime. Se parler, c'est un moyen incontournable pour nourrir les besoins affectifs essentiels de chacun dans le couple. C'est le moyen le plus concret dont on dispose pour être proche de ceux que l'on aime. C'est à partir de la communication que se construit toute intimité amoureuse, objet précieux de la recherche de quiconque s'engage dans une vie de couple. La communication, ce n'est pourtant pas l'unique ingrédient du bonheur d'un couple ; se serait idéaliser la communication que de croire cela. Mais elle demeure un ingrédient essentiel et primordial au bonheur de la vie de couple. La communication non défensive sert à informer l'autre et à l'aviser, à faciliter les échanges, à se rapprocher de l'autre, à se sécuriser, à souder le couple, etc. Bref, la communication nourrit l'amour.

Nombre de livres nous parlent de *méthodes* de communication, de *techniques* de communication, mais peu nous parlent de communication intime ; à ce propos, je recommande particulièrement la lecture de *La communication authentique* de Colette Portelance, et de l'ouvrage *Mais tu ne m'avais jamais dit ça* ! d'Ajanta et Serge Vidal-Graf.

Au Centre de relation d'aide de Montréal, dans le cadre de la première année de formation de base, j'anime un weekend, organisé par Colette Portelance, entièrement axé sur la communication ; d'ailleurs, ce sujet est traité dans presque tous les cours durant les trois années de la formation. C'est dire toute l'importance qui y est accordée dans la formation des thérapeutes en relation d'aide (TRA), qui sont ainsi de véritables spécialistes de la communication.

Il est essentiel d'arriver à faire la différence, dans sa vie quotidienne et dans ses relations, entre les différents types de communications, dans le but d'être en mesure d'améliorer la communication au sein de la relation. Ces cinq types de communication, Colette Portelance les décrit dans *La Communication authentique* ; je les résume ici.

1. La communication de **type utilitaire**, qui touche les différentes informations qui doivent être échangées pour le bon fonctionnement des choses.

2. La communication de **type impersonnelle**, qui consiste à parler des autres – d'un film ou de la politique par exemple –, et ce, dans un but de légèreté, de plaisir et de loisir.

3. La communication de **type narrative**, c'est-à-dire que la personne raconte quelque chose sans se laisser toucher par ses propres émotions et par ses propres sentiments.

4. La communication de **type personnelle**, la plus nourrissante pour la relation amoureuse ; je parle à l'autre de moi, je lui parle de ce que je vis en rapport avec mon travail, mes amis, ma famille, par exemple, avec sensibilité, dans le but non seulement de communiquer des informations à l'autre, mais aussi de lui faire part ce que j'ai ressenti.

5. La communication de **type intime**, qui concerne ce que je vis avec *l'autre*. C'est certainement celle dans laquelle on s'implique le plus.

Lequel de ces niveaux de communication caractérise vos échanges dans votre relation de couple ? Et pourquoi ? Quels sont les résultats ?

Je vous encourage fortement à vous poser cette question maintenant, et ce, sans vous juger, mais dans le but de prendre conscience de la situation et de l'améliorer.

Cela paraît si simple quand on le lit. Et cela peut devenir si compliqué et si difficile quand on vient pour l'appliquer et le vivre ! Pourquoi ? Parce que, parler de soi de façon authentique nous rend vulnérable ! Parler de soi à l'autre nous amène à ressentir nos besoins affectifs face à cette personne, le besoin d'être aimé par elle, d'être écouté, reconnu, sécurisé.

Cela nous amène aussi à ressentir nos peurs. Voilà pourquoi on fuit parfois la communication intime : qui dit besoin, dit vulnérabilité et peur, celle du jugement, du ridicule, du rejet, du conflit, ou tant d'autres. C'est une action qui nous confronte aussi à nos propres jugements, tels que « Parler de soi, c'est donner du pouvoir à l'autre », « Parler au "je", c'est narcissique, c'est ne penser qu'à soi », « C'est téteux », etc.

Je vous propose encore une fois, avant d'entreprendre ce travail de communication, de vous arrêter un moment, le temps de vous poser les deux questions suivantes, et d'y répondre avec honnêteté.

- À quelles peurs et à quels jugements êtes-vous confronté en ce moment, dans votre vie amoureuse, concernant la communication intime ?
- Quelles sont les peurs qui vous empêchent d'aller plus loin dans votre besoin d'une relation amoureuse plus forte ?

Et maintenant, ces six questions, en lien avec vos motivations à communiquer. Il est important de se regarder avec honnêteté.

- Dans votre vie amoureuse actuelle (ou dans votre dernière relation amoureuse d'importance), utilisez-vous la communication pour convaincre l'autre (lutte de pouvoir) ?
- Pour le culpabiliser (il a tort) ?
- Pour le changer (ce qu'il est n'est pas acceptable) ?
- Utilisez-vous la communication pour vous faire du bien (expression de mes malaises) ?
- Pour sensibiliser l'autre à ce que vous vivez (non pour vous victimiser ou rendre l'autre responsable) ?
- Pour entretenir des liens affectifs forts avec lui (je te parle pour me rapprocher de toi et non t'éloigner de moi) ?

LA COMMUNICATION AUTHENTIQUE

À cet égard, encore une fois je renvoie le lecteur au livre de Colette Portelance, *Aimer sans perdre sa liberté* ; son expertise à ce sujet est précieuse, puisqu'elle est l'une des plus importantes spécialistes de la *communication authentique*. Elle en aborde les aspects pratiques et relationnels et va au-delà des aspects théoriques.

J'attire votre attention sur le danger de *rationaliser* la communication ; aborder les peurs d'une façon intellectuelle constitue un écueil à la communication authentique. La peur n'est pas qu'un concept intellectuel : pour s'assurer de communiquer et d'échanger de façon satisfaisante, on ne peut l'*éviter*. La communication authentique nécessite que l'on ressente la peur pour s'en dégager. La peur est une sensation viscérale, désagréable, qui donne très souvent le goût de fuir de toutes les façons : en ne parlant pas du sujet qui nous rend émotif, en rationalisant, en portant un jugement et même en fuyant physiquement. La communication authentique demande beaucoup de courage.

Dire des mots qui ne sont pas ressentis, ça n'a pas d'effet bénéfique sur la relation. C'est un manque d'authenticité qui entretient le silence, même si je parle.

Se parler, dans la relation amoureuse – dans le but de rendre le couple plus fort –, c'est exprimer sa vérité à l'autre. Cette communication se pratique en demeurant sensible à sa peur de ne pas bien s'exprimer, par exemple, ou à sa peur du conflit, à celle de se sentir coupable, et plus particulièrement à celle de perdre l'autre.

On communique, tout en étant à l'écoute de ce que cela nous fait vivre de s'exprimer, et tout en étant ouvert à la rétroaction de l'autre. Est-ce que je me sens écouté par lui ? Cette conscience ne doit pas, toutefois, m'obnubiler et me faire perdre de vue ce que j'ai à dire !

Par la suite, je demeure à l'écoute de ce que l'autre veut me dire.

C'est le concept d'*émetteur* et de *récepteur* que je vous décris plus en détail maintenant. La méthode que je vous propose favorise la réussite de l'échange, et inclut toutes les dimensions des éléments *satisfaisants* de la communication : l'expression, l'écoute et la rétroaction.

Une première personne dit à l'autre « J'ai besoin de te parler. » L'*émetteur* est identifié. Son interlocuteur devient le *récepteur*. Cela peut sembler simpliste, mais combien de fois coupe-t-on la parole à l'*émetteur* ou se laisse-t-on couper la parole en tant qu'*émetteur* ? L'idée de l'*émetteur* et du *récepteur* implique qu'une personne parle (l'*émetteur*) et que l'autre écoute (le *récepteur*). À ce moment-ci, le *récepteur* doit impérativement écouter, même si cela est parfois très difficile, car il est généralement impliqué dans le vécu de l'autre. Il faut se discipliner pour respecter le droit de parole de celui qui est désigné comme étant l'*émetteur*. Mais c'est le meilleur mécanisme de protection pour s'assurer d'être satisfait.

Première étape : l'une des deux personnes exprime son besoin de parler à l'autre. Elle s'identifie alors comme *émetteur* et vérifie la disponibilité de l'autre à l'écouter. Sinon, elle s'informe – si ce n'est pas possible à ce moment-ci de communiquer –, quand ce sera possible.

Deuxième étape : au moment opportun, les deux personnes s'assoient l'une face à l'autre, dans une attitude d'ouverture, ce qui n'est pas toujours facile. L'*émetteur* exprime alors son vécu, sans que l'autre le coupe, et ce, jusqu'à la satisfaction complète de son besoin d'être écouté, mais tout en faisant attention de ne pas trop s'éparpiller, car il risque alors de perdre l'attention de l'autre, et par la même occasion, de ne pas combler son besoin d'être entendu. Pendant ce temps, le *récepteur* écoute.

Troisième étape : le *récepteur* répète ce qu'il a entendu, d'une façon objective, sans interpréter les paroles de l'autre et sans donner son point de vue sur la question. En fait, c'est la façon de montrer qu'il a écouté l'autre.

Quatrième étape : l'*émetteur* dit s'il s'est senti bien écouté, sinon il réajuste le tir.

Cinquième étape : le *récepteur* exprime ce qu'il a ressenti en écoutant l'autre. Ce n'est pas une évaluation de ce que l'autre a dit ni une justification pour enlever le malaise de l'autre.

Sixième étape : pour terminer, l'*émetteur* fait part de la façon dont il se sent, pour dire qu'il est satisfait de l'échange.

Pour arriver à développer cette technique et l'intégrer dans votre vie, je vous recommande de consulter d'abord un thérapeute en relation d'aide (TRA), formé pour la thérapie relationnelle. Quelques rencontres peuvent être bénéfiques.

Il est primordial de se rappeler que l'objectif de l'échange, c'est la satisfaction de l'émetteur. Si le récepteur veut parler de ce qu'il vit à son tour, il doit attendre que le processus soit terminé, indiquer qu'il a besoin de parler à son tour si c'est le cas, et vérifier si l'autre est disponible pour l'écouter, sinon ils doivent fixer un autre moment plus approprié.

La communication dont il est question ici implique l'ouverture du cœur ; mais les émotions doivent être en harmonie avec le rationnel. On parle de ses émotions, de façon à les ressentir, et de façon à être compris, à rester rationnel, sans se couper de son vécu. Ouf ! direz-vous. Oui, ouf ! C'est effectivement un art qui demande une connaissance de soi approfondie et une capacité à se laisser toucher par ce que l'on dit, tout en étant en relation avec la personne à qui l'on s'adresse.

Cas vécu

Le premier exemple qui me vient à l'esprit, c'est celui de Pierre et d'Hélène.

Dans un premier temps, Pierre demande à Hélène de l'écouter concernant un malaise qu'il ressent. Il vit de l'insécurité financière face à la manière dont Hélène administre sa partie du budget commun. Ça fait longtemps que Pierre veut lui en parler, mais il a peur d'occasionner un conflit interminable, et du même coup, il se juge sévèrement en tant que mari ; il ne se sent pas à la hauteur, n'arrive pas à payer seul les comptes. Hélène accepte de l'écouter, mais elle lui exprime que cela la rend nerveuse, elle a peur qu'un conflit éclate. Pierre et Hélène s'installent dans une pièce tranquille. Ils s'assoient l'un devant l'autre, tout en s'assurant le plus possible de ne pas être dérangés. La télévision, la radio et les cellulaires sont éteints. Les enfants sont avisés.

La deuxième étape : Pierre est identifié comme étant l'émetteur, il commence. Il a le cœur qui bat fort et il le dit, puis il exprime sa peur d'occasionner un conflit, et celle de blesser Hélène. Il ajoute que là n'est pas son intention, mais il souhaite plutôt, en parlant avec elle, trouver une solution. Il lui dit de façon sentie à quel point c'est difficile pour lui d'aborder cette question, car il a le sentiment de ne pas être à la hauteur en tant qu'homme, puisqu'il n'arrive pas à tout payer lui-même. Il aimerait bien le faire, mais ce n'est pas possible. Une fois qu'il a dit cela, ses battements cardiaques diminuent un peu. Pas complètement, mais assez pour se sentir mieux ; une fois les émotions exprimées, il est plus facile pour lui de préciser sa pensée. Il commence donc en disant à Hélène qu'il vit de l'insécurité financière lorsqu'il l'entend dire qu'elle a de la difficulté à payer sa partie des comptes, et qu'il voit qu'elle s'achète de nouveaux vêtements. Hélène a le goût de réagir immédiatement pour se justifier, mais Pierre lui demande d'attendre, puisqu'il n'a pas terminé. Ce qu'elle accepte, même si c'est difficile d'écouter son conjoint, car les propos de celui-ci lui font mal. Pierre poursuit en vérifiant si elle *entend respecter leur entente financière, car c'est cela qui le préoccupe.* Son *besoin, en fait, est de se sécuriser sur ce plan en s'assurant qu'elle respectera leur entente.*

La *troisième étape* : *Hélène répète à* Pierre *ce qu'il vient de lui dire, sans interpréter ses paroles et sans répondre tout de suite.* « Tu *as peur d'un conflit, tu as peur de me blesser, et ce n'est pas ton intention, tu veux plutôt qu'on s'écoute et que l'on trouve une solution.* Tu *me dis aussi que c'est difficile pour toi d'aborder cette question, car elle provoque chez toi le sentiment de ne pas être à la hauteur ; tu aimerais être capable de tout payer, mais ce n'est pas possible pour toi.* Tu *me dis que tu vis de l'insécurité financière quand tu m'entends dire que j'ai de la difficulté à payer mes comptes, et que tu me vois m'acheter des vêtements.* Pour *terminer, tu veux vérifier, pour te sécuriser, si je vais respecter notre entente financière.* Est-*ce que tu sens que tu as été bien écouté* ? As-*tu besoin de réajuster le tir* ? »

La *quatrième étape* : Pierre *confirme qu'il s'est senti bien écouté, qu'il n'a rien à ajouter, que c'est très clair, et que ça lui a fait du bien.*

La *cinquième étape : c'est au tour d'*Hélène *de s'exprimer.* Elle *lui confie que ce fut très difficile de l'écouter jusqu'au bout, que ça lui faisait mal.* Tout *au long, elle avait peur qu'il la juge comme étant irresponsable, et qu'il l'accuse de ne pas vouloir payer ses comptes.* Elle *avait envie de se lever et de partir, car elle avait honte d'avoir de la difficulté à payer sa part des dépenses.* Elle *ajoute qu'elle a bien compris qu'il avait besoin de savoir si elle respectera son engagement, et qu'elle comprend bien son insécurité, car il a vu juste.* En *fait, elle lui exprime que si elle parle de sa difficulté à arriver sur le plan financier, c'est qu'effectivement, elle aimerait réévaluer sa contribution financière à la baisse.* Elle *voit que* Pierre *a envie de réagir, et elle lui demande d'attendre, car elle n'a pas fini.* Elle *ajoute qu'elle trouve difficile de lui faire une telle demande, qu'elle a honte d'elle, mais qu'elle n'y arrive pas ; elle a besoin de savoir s'il est ouvert ou non à cette proposition.*

La sixième étape : Pierre est en colère, il le dit. Il lui dit que cela le place dans une situation très difficile, car cela augmente son sentiment de ne pas être à la hauteur en tant qu'homme, puisqu'il n'est pas ouvert à la proposition d'Hélène pour l'instant. Il ajoute qu'il va revoir son budget, pour voir ce qu'il peut faire, mais qu'il aimerait qu'elle exprime sa demande plus clairement : de quel montant aurait-elle besoin de se décharger, précisément ? Il suggère de discuter de tout cela dans une semaine. Pierre la remercie tout de même d'avoir accepté de l'écouter et de lui avoir donné l'heure juste. Cela lui a fait du bien de crever l'abcès. Cela l'encourage pour les autres discussions à venir. Elle approche la main de lui, l'embrasse en le remerciant, puis lui dit qu'elle va revoir son budget.

Cas vécu

Mon deuxième exemple est celui de Véronique et de Robert. À la suite d'une rencontre d'amis, Véronique a été blessée par un commentaire de Robert, fait devant les invités. Elle a besoin d'en discuter pour être entendue au sujet de cette blessure.

La première étape : Véronique exprime à Robert son besoin de lui parler concernant un événement survenu la veille, et elle vérifie s'il est disponible pour l'écouter. Elle a à peine terminé que Robert réagit en disant « Bon ! Qu'est-ce que j'ai encore fait ? » Robert est particulièrement sensible à la culpabilité, et à la peur de se faire reprocher quelque chose. C'est pourquoi il réagit d'abord ainsi, sans même prendre le temps d'écouter de quoi il s'agit. Puis, il se calme et lui dit que c'est d'accord. Ils s'installent l'un devant l'autre et font en sorte d'avoir les meilleures conditions possible pour discuter.

La deuxième étape : Véronique commence à s'exprimer ; elle réalise qu'elle est nerveuse et qu'elle ressent de la colère, car elle voit bien que Robert est sur la défensive. Elle a peur qu'il ne l'écoute pas vraiment, qu'il ne pense qu'à se défendre et à se justifier. Elle lui fait part de son inquiétude et de son besoin qu'il l'écoute jusqu'au bout, tout en restant *ouvert. Cela a pour effet de ramener* Robert *dans de meilleures dispositions pour écouter sa conjointe, car il admet qu'il était sur la défensive.* Du *même coup,* Véronique *est rassurée et peut exprimer plus clairement sa pensée.* Elle *rappelle que la veille, en présence d'amis,* Robert *a raconté à quel point elle ne comprenait rien à la politique, et qu'il devait continuellement lui expliquer à quoi les informations du soir faisaient référence.* Cela *l'avait humiliée ; elle lui dit qu'elle a besoin qu'il fasse attention à ce qu'il raconte sur elle devant les autres, et surtout à la façon dont il raconte ces faits, car en plus de la blesser, il ravive des blessures liées à des événements souffrants du passé.* Elle *ajoute qu'en fait, si elle lui demande des précisions sur les informations du soir, ce n'est pas nécessairement pour nourrir son intérêt à elle pour la politique, mais surtout pour échanger avec lui sur quelque chose qui l'intéresse, et que si cela le dérange, il n'a qu'à le dire et elle cessera d'agir ainsi.* En *disant cela, elle exprime en fait son besoin de partager avec lui au quotidien.*

La *troisième étape :* Robert *répète à* Véronique *ce qu'il a entendu, c'est-à-dire qu'elle était nerveuse et ressentait de la colère à l'idée qu'il ne l'écoute pas vraiment ; il lui dit qu'il a bien compris qu'elle souhaitait être écoutée jusqu'au bout.* Puis, *il répète que* Véronique *a été blessée par son commentaire et son attitude devant le groupe d'amis la veille.* Cela *l'a humiliée.* En *fait, il précise que si elle pose ces questions, ce n'est pas pour la politique elle-même, mais pour discuter avec lui, et que s'il préfère qu'elle arrête, il n'a qu'à le lui dire et elle cessera, mais qu'en fait, cela démontre surtout combien elle a envie de partager avec lui au quotidien.* Elle *lui demande de faire attention à la façon dont il parle d'elle devant les autres à l'avenir.*

La *quatrième étape :* Véronique *confirme qu'elle se sent bien entendue, que cela lui fait du bien, cela la rassure et la rapproche de* Robert.

La *cinquième étape :* C'est *le moment de la rétroaction de* Robert *; il parlera de ce qu'il a vécu et répondra à sa conjointe.* D'abord, Robert *confirme que ce fut difficile d'apprendre qu'elle s'était sentie humiliée* *la vieille. Il se sent coupable. Il ajoute qu'il comprend qu'elle s'est sentie humiliée, car il reconnaît qu'effectivement, ses propos étaient blessants. Il est touché d'apprendre qu'en fait, c'est son besoin d'être proche de lui qu'elle exprime lorsqu'elle veut parler de politique avec lui. Il est content d'apprendre qu'elle est ouverte à l'idée de cesser de le questionner pendant qu'il écoute les informations du soir, et qu'en réalité, lui aussi a le goût de partager cet intérêt avec elle, mais qu'au moment des informations, ces questions le dérangent. Il n'a jamais osé lui dire par peur de la blesser. C'est la raison pour laquelle il se moque d'elle devant les autres. Il s'engage à faire attention, et à lui dire sur-le-champ de se taire lorsqu'il veut écouter les informations.*

La sixième étape : Véronique ajoute des éléments. Elle est touchée de l'ouverture de Robert et comprend très bien que cela le dérange ; elle fera désormais attention. Et effectivement, elle aimerait bien qu'il lui dise s'il se sent de nouveau dérangé. Elle ajoute qu'elle compte réfléchir à la façon dont elle pourrait s'y prendre pour combler son besoin de partager avec lui au quotidien, et que s'il a une idée, elle aimerait bien qu'il lui en fasse part. Elle lui dit aussi que cette discussion répond à son besoin d'être proche de lui, et de partager avec lui.

J'ai pris le temps de bien détailler ces deux exemples, pour une raison bien précise, soit pour illustrer concrètement la méthode, autant dans l'expression que dans l'écoute. Je constate souvent qu'on croit qu'on *communique*, on dit que « oui, on a compris ce que l'autre a dit », mais qu'en fait, lorsqu'on répète, ce n'est pas du tout de ce que l'autre a dit. On pense déjà à notre réponse, alors que l'autre n'a pas fini de s'exprimer. Essayez, pour voir !

L'idée, dans cette communication, ce n'est pas *nécessairement* de trouver une solution – ce ne serait pas réaliste, particulièrement lorsque c'est un sujet qui rend l'un et l'autre émotifs, tels que l'éducation des enfants ou le sentiment d'incompétence, par exemple. Il peut aussi s'agir d'une maladresse devant les amis au cours de laquelle l'un des deux partenaires s'est senti humilié, etc.

Pour un échange satisfaisant, il est fort possible, dans des cas semblables, qu'il faille plusieurs rencontres pour discuter. L'idée est de s'exprimer librement, jusqu'au bout, tout en s'assurant que l'autre nous écoute. C'est d'arriver à ce que l'un comme l'autre expriment leur vécu, en harmonie avec l'expression de leurs besoins, de leurs peurs et de leurs émotions. Tout cela dans un désir réel et sincère de préserver la relation.

Pour que la communication soit efficace, il est important de faire preuve de discernement, c'est-à-dire se demander : Qu'est-ce que je veux dire ? À qui est-ce que je veux le dire ? Quand est-ce que je veux le dire ?

J'ajoute ici, à la méthode de communication, trois questions essentielles, dont vous êtes seul à avoir les réponses. Pour que la communication soit efficace, il est important de faire preuve de discernement. Dans un premier temps, il faut identifier **ce que l'on veut** dire, exactement. Quel est le *message* que j'ai besoin de livrer ? D'abord, il faut établir clairement ce que nous avons à dire, sans pour autant exiger de le faire à la perfection ; pour être compris, il faut être le plus clair possible, et éviter de s'éparpiller. Deuxièmement, il faut assumer son propre niveau de responsabilité. Il est plus difficile pour une personne de nous écouter si on l'accuse de diverses façons, aussi subtiles soient-elles ; comme il est important de favoriser un contexte d'échange où les partenaires se défendent le moins possible, je vous propose de prendre le temps de bien y réfléchir. Lorsque l'on vit des émotions, on oublie souvent ces notions essentielles.

Par la suite, il est important de vérifier **à qui** j'ai besoin de dire ce que je vis. C'est fondamental : souvent, on ne parle pas aux bonnes personnes. Il est certain que le fait de parler à des gens qui ne sont pas nécessairement concernés, c'est moins impliquant, et cela fait moins peur ; en revanche, les résultats sont loin d'être aussi satisfaisants.

Finalement, il faut savoir **quand** dire ce que l'on a à dire ; il demeure important de bien choisir le moment approprié, un moment où l'on pourra compter sur toute l'attention de l'autre. Au coucher ? Au restaurant, avant le repas ? En faisant une promenade, loin des enfants et des autres adultes ? Quoi qu'il en soit, c'est à vous de déterminer ce moment avec discernement, afin de vous offrir les meilleures conditions pour communiquer. Il faut également être en mesure de savoir si *ce n'est pas* le moment de se parler, soit parce que l'autre est sur la défensive et qu'il ne veut pas cesser d'exercer son pouvoir, soit parce que vous-même, à ce moment, vous n'arrivez pas à vous départir de votre attitude défensive. Pour bien déterminer si vous êtes en « état défensif », voyez si, en parlant avec l'autre, votre désir est d'avoir raison ou de lui démontrer qu'il a tort. Dans ces conditions, l'échange se transformera en lutte de pouvoir ; il ne s'agira plus d'une communication satisfaisante. C'est pourquoi, parfois, il vaut mieux attendre que l'autre soit moins sur la défensive. Cela peut demander d'attendre une heure, trois heures, voire une journée. Cette attente, toutefois, ne doit pas être motivée par de la bouderie, mais bien par une réelle attente du *meilleur moment*. On peut même en aviser l'autre : « Écoute, en ce moment, je ne voudrais qu'avoir raison et me défendre, plutôt que de discuter. Vaut mieux attendre. Je te reviens là-dessus. » Il est essentiel, alors, de respecter notre engagement et de reprendre la discussion, sans quoi l'autre se sentira rejeté, et l'un et l'autre risquent d'être sur la défensive.

La défensive, c'est quand le goût d'accuser, de juger, de critiquer et de blesser l'autre nous motive, ou alors lorsqu'on tente de se justifier. Il est important d'attendre d'être plutôt motivé par le besoin de communiquer et d'écouter l'autre.

Chaque fois qu'une communication est insatisfaisante, c'est parce que l'on a manqué de discernement.

Ces conditions peuvent paraître bien simples, mais l'on peut se dire que chaque fois qu'une communication est insatisfaisante, c'est parce que l'on a manqué de discernement à l'égard de ce qui a été exprimé. Même si l'autre est resté fermé, il est quand même possible d'être satisfait du processus ; le fait de s'être affirmé, de s'être donné de l'importance et de s'être exprimé de façon non défensive, tout cela peut être satisfaisant. C'est ce qui nourrit non seulement la relation, mais aussi l'estime de soi.

Faites abstraction de toutes les raisons que vous pourrez trouver pour ne pas tenter l'expérience de communication proposée plus haut ; essayez cette façon de faire, et à plusieurs reprises ! C'est ce que ma conjointe et moi faisons, et cela donne de très bons résultats. Ce n'est pas toujours parfait, mais on s'applique. Cette communication a toujours renforcé l'engagement entre nous deux, et chaque fois, elle nous rapproche.

Je peux affirmer que la communication de type authentique et intime, c'est ce qui a sauvé, transformé et maintenu non seulement notre couple, mais d'autres couples aussi. Cette méthode nous apprend à exprimer non seulement les émotions agréables, tels que la joie, l'amour et le désir, mais aussi les émotions désagréables, comme la peur, la peine, la colère et les différences.

IMPACTS POSITIFS D'UNE SAINE COMMUNICATION

Les impacts positifs de la communication sont primordiaux et essentiels. On peut dire que sans la communication authentique et efficace, la relation amoureuse est en péril. La communication est l'un des ingrédients de base du couple heureux. Tout d'abord, la communication garde l'amour et la passion vivants. En prenant le risque de se parler malgré nos peurs, on sort du ménagement mutuel et de l'ennui routinier de la non-relation. De plus, on se respecte face à l'autre, ce qui nourrit l'estime de chacun, nécessaire au plaisir d'être ensemble. Ainsi, les peurs ne nous dominent pas et l'expression nous garde vivants, en plus de conserver la relation vivante. La communication a la propriété de nourrir l'intimité du couple, tout en renforçant les liens affectifs nécessaires à une relation amoureuse satisfaisante et riche. Grâce à la communication, chacun élimine les non-dits, poison du temps qui passe, les malaises et les désagréments relationnels qui pourraient nous pourrir l'existence. L'impact sur la famille est clair et immédiat. Premièrement, la famille est un lieu sécuritaire ou chacun peut s'exprimer librement ; le respect de soi et l'estime de soi y sont encouragés. Deuxièmement, le couple devient le modèle qui montre aux enfants comment se parler, pour que ceux-ci apprennent à communiquer, d'abord en famille (ce qui cimente les liens), puis dans leur vie future.

La communication garde l'amour et la passion vivants. En plus d'éliminer les non-dits, elle nourrit l'intimité et renforce la relation. Par la communication, le couple s'assure d'un avenir favorable.

L'ENGAGEMENT

Un couple fort, c'est lorsque chacun des partenaires est engagé et reste engagé malgré les difficultés.

S'engager, en fait, c'est choisir aujourd'hui, à chaque moment, de s'occuper de soi *avec l'autre*. Par contre, se désengager, c'est ne pas s'occuper de soi *avec l'autre*, c'est s'abandonner, face à ses besoins, ses limites, ses malaises et sa différence.

Je remarque souvent à quel point le sujet de l'engagement chez les couples est particulièrement chargé d'émotions. En fait, l'engagement est tantôt un objet d'amour, de joie et de célébration ; lorsqu'on obtient la confirmation que notre relation est sérieuse, lorsqu'on emménage ensemble, lorsqu'on prend la décision d'avoir un enfant ensemble, de se marier, de démarrer un projet commun, etc. ; mais l'engagement, c'est aussi lié aux peurs, à la fuite, à la culpabilité, aux justifications et à la défensive.

Souvent, au début de la relation, on ne veut pas parler sérieusement d'engagement, sinon avec réserve, prudence et pudeur. Soit par peur de souffrir, si ça ne fonctionne pas et que l'on se quitte, soit par peur de faire peur à l'autre, ou même par peur de renoncer aux autres possibilités de rencontres.

Je remarque qu'une fois que les partenaires se sont engagés (« c'est maintenant officiel, on sort ensemble », « on habite maintenant ensemble » ; on présente enfin l'autre à notre famille et à nos amis comme étant notre amoureux, notre amoureuse), une fois cette étape franchie commencent les reproches. « Tu n'es pas vraiment engagé, moi je le suis ! » « Tu cherches à me mettre le grappin dessus, à me contrôler et à m'enlever ma liberté. » « Tu as un problème d'insécurité ! » « Et toi d'engagement ! » La notion d'engagement est souvent chargée d'émotions, car elle touche la sécurité affective, la liberté, l'amour et l'estime de soi.

L'engagement constitue un risque – un beau risque – de connaître l'amour. C'est ce que nous cherchons tous, au fond, et que nous souhaitons tous connaître un jour ou l'autre.

L'engagement constitue un autre risque, celui de souffrir un jour. Oui, il est possible de souffrir de la peur de perdre l'autre, ou de perdre l'autre, de se sentir coupable, par moments, d'avoir des regrets, à d'autres moments, de douter parfois. Et il est même possible d'étouffer. Mais l'engagement constitue aussi un « risque » de bonheur. Un bonheur possible et accessible aujourd'hui, si l'on fait le choix de s'engager, avec la personne avec qui l'on partage actuellement notre vie. S'engager, en fait, c'est choisir aujourd'hui de s'occuper de soi avec l'autre, celui avec qui nous cohabitons. Prendre soin de soi, tout en tenant compte de l'autre.

Comme je l'écrivais plus haut, l'engagement reste un sujet sensible, car il est lié à des besoins affectifs importants, soit les besoins de valorisation, d'amour et de liberté, mais surtout de sécurité affective. Il est important de prendre conscience que ce qui est le plus sécurisant dans une relation amoureuse, c'est quand on réalise que l'autre reste, qu'il continue de nous choisir, et vice et versa (après nous être montrés tel que nous sommes, avec l'autre, sans chercher à cacher ce que nous sommes, c'est-à-dire ce que l'on n'accepte pas de soi-même ou ce qui nous fait honte, parfois). C'est quand on continue aussi de choisir l'autre après qu'il s'est révélé, sans censure.

L'engagement, c'est très sécurisant. Cet engagement, ce n'est pas une chose que l'on subit, mais que l'on désire, car il n'est pas basé uniquement sur l'émotion que procure le plaisir de la nouveauté ni sur le seul désir, ou encore sur le besoin de fuir une autre relation passée ; cet engagement repose sur la satisfaction de nos besoins affectifs.

L'engagement, c'est continuer de choisir l'autre, même après avoir connu toutes les facettes de sa personnalité, mais aussi toutes celles de la relation amoureuse, tant les moments exaltants que les moments creux, tant les moments d'activités palpitantes que les petits moments routiniers, au quotidien.

En fait, l'engagement, c'est quand on choisit l'autre dans son quotidien ; et, malgré les difficultés, on cherche des solutions plutôt que de remettre la relation en question. La recherche de solutions se fait alors dans le but de prendre soin de nos besoins affectifs, tout en tenant compte de l'autre, sans perdre de vue son bien-être, afin que demain, nous soyons encore ensemble. Rester engagé, c'est en même temps refuser d'abandonner la relation, soit en se réfugiant dans le silence, soit en fuyant ou en cherchant à satisfaire ses besoins de façon clandestine.

En fait, l'engagement se mesure par le choix, fait au quotidien, de rester avec l'autre, mais surtout par le réflexe, face aux difficultés, de chercher des solutions plutôt que de remettre en question la relation.

Dans la réalité quotidienne de la vie de couple, notre engagement, c'est-à-dire le sentiment de choisir notre partenaire, peut fluctuer selon les journées et les événements. Mais afin de ressentir la sécurité bienfaitrice et de se sentir aimé, ce choix doit tout de même être fait. Selon notre état émotif et affectif du jour, en fonction de nos préoccupations et de nos priorités du moment, le sentiment d'engagement peut varier. Il peut varier en raison de l'état de notre couple ; il peut s'agir de proximité ou d'éloignement. L'on peut se sentir complices ou en opposition. Mais il demeure important, pour éviter de souffrir d'insécurité, que notre engagement ne soit pas remis en question lors des moments les plus difficiles.

Cas vécu

Suzie et Charles m'ont toujours impressionné, à partir du moment où je les ai rencontrés, jusqu'à la fin de leur démarche thérapeutique. Devant chaque difficulté, ils avaient l'habitude de chercher des solutions ensemble, plutôt que de remettre en cause leur relation.

D'abord, leur décision de venir en consultation de couple résulte d'une difficulté récurrente. Charles est peu présent à la maison. Même lorsqu'il est là physiquement, il ne prend pas les devants, ne donne pas son avis, et Suzie s'occupe de la vie de famille. La réponse classique de Charles est : « C'est comme tu veux. » Et Suzie est compréhensive ; mais elle est engagé dans un processus de négation de soi : « Il travaille tant. »

C'est pourquoi, lentement mais sûrement, leur relation s'effrite. Suzie est la première à actionner la sonnette d'alarme. Elle n'en peut plus. Elle a besoin de l'entendre, lui : elle a besoin d'avoir son avis (son accord ou son désaccord). Elle se sent seule. Charles lui manque. Cela n'empêche toutefois pas Suzie de nommer tout ce qu'elle apprécie chez lui : son sens des responsabilités financières, à quel point il l'appuie et la supporte, et à quel point il s'occupe bien de la maison et des voitures. Il conduit les enfants chez leurs amis ou à leurs activités. Mais en raison du silence de son conjoint, elle est en manque de lui, du temps où ils se parlaient. Charles reconnaît qu'il ne prend pas les devants, qu'il est confortablement installé dans son petit quotidien. Il se justifie en expliquant qu'il a peur des conflits. Aussi a-t-il l'impression que les responsabilités sont partagées. Suzie est contente de l'entendre s'exprimer au sujet de son comportement, mais elle, son besoin demeure. Elle lui dit qu'elle a besoin de l'entendre s'exprimer de nouveau, comme avant, sur tous les sujets qui les concernent. Charles est d'accord, même s'il se sent un peu perdu, ne sachant pas exactement ce qu'elle veut dire. Il a vraiment oublié comment faire. Malgré cela, il accepte de tenter l'expérience.

Suzie et Charles sont engagés. Devant cette difficulté, comme devant toutes les autres, ils cherchent des solutions. D'abord par la communication, en tenant compte l'un de l'autre. Grâce à cette attitude, tout devient possible. Dans la recherche du « à qui la faute » et dans la remise en question perpétuelle du couple, rien n'est possible, et l'énergie se perd dans l'insécurité affective qu'une telle situation génère.

Il est important, également, de faire la différence entre une *difficulté* et un *danger* pour la santé psychique ou physique de l'un ou l'autre des partenaires. La violence physique, comme les menaces de mort, par exemple, ce n'est pas seulement une *difficulté*, mais un *danger*.

IMPACTS POSITIFS DE L'ENGAGEMENT

L'impact positif, autant sur les partenaires, le couple que la famille, c'est la sécurité affective. Ce sentiment de sécurité est d'une importance capitale, car il permet d'avoir l'énergie nécessaire pour être heureux dans tous les domaines.

Sans cette sécurité, chacun perd beaucoup d'énergie, car l'insécurité est énergivore.

Cet engagement permet aussi à chacun des partenaires de s'affirmer davantage ; parler est une façon de s'affirmer, ce qui permet, une fois engagé, de ne pas mettre, à chaque occasion, la relation en péril.

Une fois engagé, on peut non seulement bâtir sa vie, mais aussi voir à l'amélioration de la vie de couple et de la vie de famille. Car l'énergie n'est plus engloutie dans l'insécurité. L'affirmation de soi joue sur la valorisation et l'estime de soi, et agrémente les autres sphères de notre vie, comme la vie professionnelle.

On offre bien sûr aux enfants un bon modèle d'engagement, mais on leur apprend aussi à faire face aux difficultés relationnelles en s'affirmant et non pas en se soumettant. Les enfants auront une meilleure estime d'eux-mêmes. Ils feront à leur tour certaines expériences et seront plus solides, plus confiants, et plus affirmés. Les oisillons apprennent à voler de leurs propres ailes, grâce à la sécurité au sein de la famille. Il leur est ainsi plus facile de faire face aux expériences qui favoriseront leur évolution.

L'impact positif de l'engagement amoureux, autant sur les partenaires, le couple et la famille, c'est la sécurité affective, qui est à la base de la création de sa vie.

L'IMPORTANCE DES BESOINS

Un couple fort, c'est lorsque chacun donne de l'importance à ses besoins, tout en tenant compte de l'autre.

Dans une relation amoureuse où les besoins sont niés, mis de côté et banalisés, l'amour a peu d'avenir. Si je ne vois pas à mon bonheur, dans la relation, qui y verra ? Nous devons sortir de la pensée magique et romantique de l'amour. Nous sommes les seuls à savoir ce dont nous avons besoin, quand nous en avons besoin, et nous sommes les seuls à savoir comment ce besoin peut être satisfait. L'unique avenue pour que la relation amoureuse soit satisfaisante, c'est de donner de l'importance à ses besoins ; il s'agit de les communiquer à l'autre et de lui laisser la chance d'agir.

La plus grosse difficulté, sur ce plan, c'est de croire que si l'autre m'aime vraiment, il devrait deviner mes besoins, les connaître, les ressentir. C'est totalement faux. L'autre fera plutôt de la projection : il tentera de deviner vos besoins à partir des siens et de ses expériences, et non à partir de vous. À moins que vous en ayez déjà parlé, ce qui est justement la chose à faire.

Soit les besoins sont vécus d'une **façon globale** (« J'ai besoin d'amour, de reconnaissance, d'écoute »), soit, comme le dit si bien ma consœur Noëlla Boudriau, spécialiste de la communication dans la sexualité, d'une **façon spécifique :** « J'ai besoin d'être écouté par toi concernant ce que tu as dit devant nos invités, et sur ce que j'ai vécu. Es-tu disponible à m'entendre maintenant ? Sinon, quand ? »

Cette sensibilité à soi et à l'autre est de l'ordre du senti, de l'écoute de soi, de la valeur que l'on s'accorde et de l'expression mutuelle. Par exemple, on peut partir d'un événement actuel : « Tu regardes partout durant le souper » ou « Tu me coupes lorsque je te parle. » Puis, on peut ajouter : « Je suis mal à l'aise avec ça. Je ne me sens pas important, et je me questionne à savoir si tu es avec moi ou préoccupé par autre chose, si tu t'ennuies ou si tu ressens un malaise en ma présence en ce moment, qui t'empêche d'être présent. » C'est alors que l'on vérifie. Comme je l'ai expliqué dans la partie sur la communication, on prend le temps de s'exprimer, et ensuite, d'écouter l'autre, pour se parler du malaise, quel qu'il soit : on ressent son besoin, on en tient compte et on lui donne de la valeur. De même pour l'autre, qui nous écoute avec sensibilité, qui est attentif à ce que lui-même ressent ; il donne de l'importance à ce qu'il vit en l'exprimant à son tour, et écoute aussi ce que sa rétroaction fait vivre à l'autre.

Exemples d'expression des besoins :

Émetteur : *J'ai besoin d'avoir des amis en dehors de notre relation.*
Récepteur : *J'ai peur que ce soit parce que tu t'ennuies avec moi.*

Émetteur : *J'ai besoin de ton regard posé sur moi.*
Récepteur : *Ça me touche que tu aies besoin de moi.*

Émetteur : *J'ai besoin que tu m'écoutes.*
Récepteur : *Je me sens coupable, est-ce que tu trouves que je ne t'écoute pas assez ?*

Émetteur : *J'ai besoin qu'on ait un projet commun.*
Récepteur : *Wow ! Ça m'emballe vraiment, j'ai le même besoin !*

Émetteur : *J'ai besoin de marcher plus lentement.*
Récepteur : *Je ne savais pas, je suis content que tu le dises.*

Émetteur : *J'ai besoin de ton support financier.*
Récepteur : *Je trouve ça difficile et exigeant.*

Émetteur : *J'ai besoin de te parler de ce que j'ai vécu au travail.*
Récepteur : *Ça me fera plaisir, aussitôt que j'aurai terminé ce que je suis en train de faire.*

L'expression des besoins avec sensibilité se fait suivant l'équation suivante : l'importance sera mise à cinquante et un pour cent sur mon besoin, et à quarante-neuf pour cent sur le vécu et le besoin de l'autre. Sans cette sensibilité mutuelle s'installeront la frustration, le découragement et l'envie d'aller voir ailleurs pour satisfaire ses besoins.

IMPACTS POSITIFS DE L'EXPRESSION DES BESOINS

L'impact premier de cette attitude responsable qu'est l'expression des besoins, c'est la liberté pour chacun. La préservation de l'amour est un autre impact important ; l'amour ne peut subsister dans l'étouffement occasionné par l'attente que l'autre prenne en charge nos besoins.

En fait, chacun des partenaires est responsable de son propre bonheur ; il ne s'agit pas d'une attitude égoïste. On le fait tout en tenant compte de notre engagement envers l'autre. C'est, pour chacun, prendre soin de soi en restant en communication avec l'autre. On ne brise donc pas la relation. La relation survit, et en même temps, chacun s'occupe de lui-même. Il ne s'agit plus d'attendre que l'autre me rende heureux. Il ne s'agit pas de rejeter l'autre. Non plus d'être individualiste et de ne plus tenir compte de l'autre.

Exprimer nos besoins, c'est aussi nourrir nos passions personnelles tout en les partageant avec l'autre, que ce soit en lui en parlant ou en les vivant avec lui. Du même coup, la famille devient un lieu de ressourcement en raison des échanges, des encouragements, de l'acceptation et de l'amour que cette attitude procure. Ces discussions en famille deviennent, pour chacun de ses membres, des occasions d'être supporté.

Lorsque chacun donne de l'importance à ses besoins, tout en tenant compte de l'autre, il se responsabilise face à son bonheur, il se débarrasse de cette attitude égoïste qui vise à s'occuper uniquement de soi, sans donner d'importance à l'autre.

De plus, les enfants apprendront à se responsabiliser par rapport à leurs propres besoins, sans pour autant devenir des êtres égocentriques.

VALORISATION ET RECONNAISSANCE

Un couple fort, c'est un couple où l'on est sensible à l'autre, où l'on accorde de l'importance à l'autre, où on l'écoute et le valorise, où l'on reconnaît et aime l'autre.

Bien sûr, il revient à chacun de combler ses besoins, car personne n'est mieux placé que nous pour les connaître. Mais ce dont je parle maintenant, et qui s'ajoute au point précédent, c'est de la capacité, dans la relation amoureuse, d'offrir à l'autre gratuitement – sans attente, par affection, par amour, simplement parce que c'est bon pour soi-même et pour l'autre –, de l'importance de le regarder et d'écouter qui il est, ce qu'il vit, ce qu'il aime, ce qui le préoccupe, ce qui le passionne. Il s'agit de valoriser l'autre et de le reconnaître pour ce qu'il est et ce qu'il fait, simplement parce que c'est bon de partager cela avec lui.

C'est un point qui me touche particulièrement, et qui fait partie de la transformation de ma propre relation amoureuse.

Cas vécu

Auparavant, l'accent était plutôt mis sur ce que nous n'appréciions pas de l'autre et sur nos manques. Puis, il y eut un changement. Je me rappelle très bien du moment où nous avons décidé de considérer gratuitement l'autre comme étant fort important, dans le but de nous faire du bien à tous les deux. Plutôt que de considérer uniquement ce que je n'aimais pas, ce qui me manquait et ce que je n'appréciais pas, je me suis mis à trouver ma copine belle et à le lui dire. Je me suis mis de côté un moment, pour lui donner toute l'importance qu'elle avait pour moi, pour l'accepter, pour être sensible à sa différence, à ses passions, à ses idées et à ses inquiétudes. Pour ma copine, c'était une chose plus naturelle, mais elle s'est mise à le faire de façon plus consciente. Ce sont des moments tellement doux, tellement chaleureux ! Ce sont des attitudes qui nourrissent l'amour, l'attachement et la sécurité affective et qui renforcent les liens entre les amoureux.

IMPACTS POSITIFS DE LA VALORISATION ET DE LA RECONNAISSANCE

L'impact positif pour chacun des partenaires qui valorise et reconnaît l'autre, c'est l'encouragement des attitudes non défensives, la prévention des blessures inutiles et l'entretien de l'amour.

Il s'agit d'offrir à l'autre la possibilité de satisfaire ses besoins affectifs, librement et non par obligation, afin que l'autre se sente aimé. Et nous cultivons aussi notre sentiment d'amour à son endroit, ce qui fait en sorte que l'on se choisit ; l'on choisit également d'être ensemble en toute liberté, car on offre de combler les besoins affectifs de l'autre, parce qu'on le veut bien, parce qu'on l'aime, parce qu'il est important pour nous, et non parce que l'on se sent coupable. D'où notre sentiment de liberté. On cultive ainsi une attitude qui n'encourage ni les ressentiments ni les peurs. On y apprend l'altruisme et l'empathie, tout en prenant soin de soi-même.

L'impact positif sur la famille, c'est l'instauration d'une atmosphère harmonieuse. Attention, je ne parle pas ici de se nier, mais de mettre de côté les attitudes inutiles de défensives qui polluent l'ambiance amoureuse du couple et de la famille, qui créent des blessures et de l'insécurité et qui briment la liberté de chacun. On offre ce que l'on a besoin de recevoir. On donne de la valeur à ce que l'on offre. Si ce n'est pas apprécié ni reçu par l'autre, il ne faut pas « tendre l'autre joue » : on reprend nos cadeaux, qui ne sont pas les bienvenus à ce moment précis. On peut aviser l'autre, au moment opportun, qu'étant donné qu'il ne semble pas apprécier notre valorisation, on cessera d'agir ainsi. On apprend aussi à choisir les gens à qui l'on accorde de l'attention.

L'impact positif pour chacun des partenaires qui valorise et reconnaît l'autre, c'est l'encouragement des attitudes non défensives, la prévention des blessures inutiles et l'entretien de l'amour.

AMOUR ET INTIMITÉ

Un couple fort, c'est un couple où l'on ressent l'amour et où l'on cultive l'intimité.

Je crois réellement qu'un couple qui s'aime dégage quelque chose qui est perçu par les autres. Que ce soit par leur regard et leur façon de se comporter ou par la façon qu'ils ont de communiquer. L'amour se perçoit et touche l'entourage de différentes façons. Par exemple, notre fille ne doute pas qu'on s'aime, ma conjointe et moi, malgré nos conflits. Elle voit que nous nous respectons, elle voit notre intérêt à nous parler sans nous nier, tout en tenant compte de l'autre ; elle est témoin de notre affection mutuelle.

Je ne parle pas ici d'*idéalisation* du couple (toujours en amour, sans conflits, sans différends et sans inquiétudes), mais de deux personnes qui s'aiment en tenant compte de la réalité, ce qui unifie et renforce le couple. Je donne un baiser à ma conjointe au passage, elle me touche les cheveux affectueusement, je lui tapote les fesses avec désir, elle me sert un repas avec amour, je lui exprime un différend tout en étant conscient que cela risque de lui déplaire.

Tous ces gestes, ces attitudes, ces échanges et ces regards sont teintés des sentiments que l'on se porte et contribuent à raffermir notre sentiment amoureux.

L'idée, ce n'est pas de s'exposer, mais plutôt de ne pas s'empêcher de démontrer à l'autre qu'on l'aime. L'idée, c'est de laisser s'exprimer l'amour, plutôt que de réprimer certains gestes : une claque sur une fesse, un clin d'œil, un baiser, une main dans les cheveux,. L'idée, c'est de nourrir le sentiment d'amour par ces gestes affectueux et tendres.

L'amour et l'intimité sont liés ; c'est à travers l'intimité qu'on retrouve l'intensité de l'amour, elle en est le nectar. Tout le monde cherche les bienfaits de l'intimité ! Elle nous donne, comme je le disais plus haut, le sentiment, pendant un moment, que nous ne sommes pas seuls, que nous ne l'avons jamais été, et que nous ne le serons jamais. Ce sentiment est tellement bon qu'il agit parfois comme une drogue, après laquelle courent sans cesse certaines personnes, incapables pourtant de s'en nourrir au sein d'une relation ; pour recréer sans cesse ce sentiment, ces personnes deviennent insatiables, qu'elles fument ou boivent.

Cultiver l'intimité, c'est cultiver ce lien si nourrissant qui nous unit et qui nous donne envie de demeurer ensemble, pour sans cesse revenir se rencontrer dans l'intimité. Ce lien s'établit par le regard, la communication, le toucher (notamment par le massage), les caresses et la sexualité, par exemple. Il doit y avoir un aspect physique minimal, et le regard en fait partie.

En même temps que l'intimité est une nourriture affective puissante, il arrive qu'elle réveille des blessures et des peurs ; à ce moment, un travail thérapeutique peut s'avérer nécessaire pour apprivoiser nos peurs et guérir nos blessures, afin d'être à l'aise dans l'intimité, et s'en nourrir. Parce que si l'on ne retrouve pas l'intimité dans notre relation amoureuse, on la cherchera ailleurs, autrement. La thérapie par la relation d'aide, individuelle ou en couple, est particulièrement adaptée pour traiter cette problématique, et les thérapeutes sont très bien formés.

Dans le but de développer une intimité riche et satisfaisante, je vous propose de nourrir le sentiment d'amour en initiant des moments amoureux, qui sont à votre image en tant que couple : faire une balade en auto, en moto ou en vélo pour les uns, regarder un film en mangeant du maïs soufflé pour les autres : l'important, c'est de prendre les devants et de se permettre d'avoir des moments *autres* que ceux qui impliquent des responsabilités, pour le seul plaisir d'être ensemble, pour l'amour.

Cas vécu

Lise et Pascal s'aiment et c'est évident. Malgré quelques années de vie de couple et une vie de famille remplie (ils ont deux enfants), on peut voir que ce n'est pas le fruit du hasard s'ils s'aiment encore. Mais ce ne fut pas toujours le cas. Ils ont dû se permettre d'avoir régulièrement des moments d'intimité et ils ont dû abandonner l'idée que l'amour, ça se fait tout seul. En fait, ils ont instauré dans leur vie de couple, des moments d'intimité, c'est-à-dire des moments sacrés, au cours desquels ils se donnent la priorité et ne se laissent pas envahir : ils sont seuls, pas de télévision, pas de cellulaire. Ouf ! Ce n'est déjà pas facile à faire. Les enfants sont avisés. C'est un moment pour se regarder dans les yeux. Parler de ce qu'ils vivent et de ce qui les touche. Parler de leur relation ensemble, particulièrement de ce qui est bon. Ils s'accordent d'autres moments pour régler les conflits. Ce sont des moments pour se coller, se cajoler, s'embrasser, et sans obligation à la sexualité. Pascal et Lise entretiennent leur amour par des moments d'intimité qu'ils préservent, plutôt que de les saboter.

IMPACTS POSITIFS DE L'AMOUR ET DE L'INTIMITÉ

L'impact positif de l'amour et de l'intimité, c'est l'engagement et la fidélité. C'est éviter les effets du temps, les conflits et les autres possibilités de rencontres, toujours attrayantes.

Si l'amour s'effrite et qu'on ne prend pas soin de nourrir l'intimité, le goût d'aller ailleurs pour répondre à ses besoins sera encore plus grand. Cela rend les partenaires vulnérables. La relation est cimentée par l'amour et l'intimité, ce qui a pour impact de garder vivants les sentiments positifs et la passion envers l'autre. Les moments d'intimité et d'amour, dans une famille, sécurisent chacun des membres. Et, encore une fois, il s'agit d'un modèle sain pour les enfants en ce qui a trait aux relations amoureuses.

L'impact positif de l'amour et de l'intimité, c'est l'engagement et la fidélité. C'est éviter les effets du temps, les conflits et les autres possibilités de rencontres, toujours attrayantes.

VIVRE SA DIFFÉRENCE

Un couple fort, c'est un couple dans lequel on ose dire et vivre sa différence, malgré le manque de confiance, la culpabilité ou les peurs.

La *différence* est un élément qui attire particulièrement les deux partenaires au début de la relation ; on constate que la différence est l'une des premières choses que les partenaires tentent d'écarter lorsque l'engagement est fait. Pourquoi ? Car la différence, en amour, nous insécurise, comme dans tous les domaines. Au début, tes goûts différents me charmaient, me faisaient rire, mais maintenant que tu es mon conjoint, ma conjointe, ça me fait peur. Si tu aimes la ville et que j'aime la campagne, comment allons-nous vivre ensemble ? Si j'aime le sport d'équipe et toi les sports individuels, quels loisirs aurons-nous ensemble ? Tu aimes chanter, et moi, j'aime le silence. Tu aimes partager, et je suis solitaire... En fin de compte, une fois en couple, la différence effraie, car elle déclenche la crainte de perdre l'autre. Ce qui, le plus souvent, conduit à la perte de soi, par peur de perdre l'autre, une loi bien connue de la relation affective. Je me perds pour ne pas te perdre, et je te perds de toute façon.

Un couple fort fait face au manque de confiance en soi pour donner de l'importance à sa différence ; il fait face à la peur de ne pas être correct pour *exprimer* sa différence. Un couple fort fait face à ses peurs : peur du conflit, peur de se sentir coupable, peur de la réaction de l'autre et peur de perdre l'autre. La source réelle du sentiment de liberté, dans la relation, c'est l'expression de sa différence, malgré le manque de confiance, la culpabilité et les peurs.

Cas vécu

En ce qui concerne les différences, je dois dire que ma conjointe a toujours été un modèle pour moi. C'est une femme indépendante, tout en étant amoureuse. Elle a toujours accordé beaucoup d'importance à sa différence au sein du couple. Pour moi, qui cherchais l'uniformité pour me sécuriser, ce fut par moments frustrant et très difficile, mais en même temps, c'était manifestement nourrissant pour la passion et l'amour.

Ma conjointe aime les voyages d'activités physiques, et moi, les voyages de repos sur le bord de la plage, à lire. Elle aime la nourriture saine (elle est quasiment végétarienne), et moi, la viande, le sucre et parfois les repas rapides. Elle aime que l'on se regarde sans rien dire, et moi, j'aime que l'on parle de tout et de rien. Elle aime voir du monde, et moi, être tranquille avec elle à la maison. Elle aime cuisiner, et moi, bricoler ou travailler sur l'ordinateur. Elle aime chanter et écouter de la musique en voiture, et moi, écouter les émissions d'actualité ou les émissions de sport. Elle aime les films d'amour, et moi, ceux de science-fiction. Elle aime le patin artistique, et moi, la boxe. Elle n'aime pas « faire de la voiture », et moi, j'aime rouler. Vous en voulez d'autres ? Et encore, nous n'avons pas abordé la décoration, l'éducation des enfants, le choix des amis ni la sexualité ; on pourrait citer une multitude d'autres exemples ! De plus, avec les années, nous changeons : ce qui nous plaisait hier ne nous plaît plus nécessairement aujourd'hui, et ce qui nous rebutait auparavant pourrait bien nous attirer aujourd'hui !

Écouter sa différence, c'est ne pas se perdre dans la relation.

Je vous propose d'énumérer ici les différences entre vous et votre conjoint ; si vous êtes actuellement seul, énumérez les différences qu'il y avait entre vous et votre ex-conjoint. Il s'agira ensuite de prendre conscience de ce que vous faites avec vos différences.

- Quelles sont les différences entre vous et votre conjoint ?
- Comment réagissez-vous aux différences de l'autre ?
- Que faites-vous avec vos différences, face à l'autre ?
- Arrivez-vous, avec vos différences, à vous rejoindre ou cela est-il une source d'insécurité, de conflit et d'éloignement ?

Ce que j'ai observé – autant chez moi que chez les couples engagés auprès de qui j'ai travaillé –, c'est qu'à force d'assumer sa différence, on influence positivement l'autre à l'ouverture et à l'évolution, que ce soit concernant l'alimentation, la gestion du budget, l'intérêt pour certaines activités culturelles ou sportives, ou encore la vie sociale ou familiale. La différence fait grandir, tant qu'elle s'exprime dans la communication, et non dans la soumission.

IMPACTS POSITIFS LORSQU'ON VIT SA DIFFÉRENCE

Vous savez comme il est important de se le rappeler : c'est très souvent par peur de perdre l'autre que l'on se tait, que l'on ne donne pas d'importance à nos besoins, à nos malaises, à nos limites et à notre différence ; or, on constate, avec le temps, que c'est précisément parce qu'on s'est tu que la relation s'est détériorée et qu'on a perdu l'autre... C'est l'un des paradoxes de la relation de couple et du monde des émotions.

Dans le silence, le temps joue contre nous. L'on devient donc une personne menée par le manque de confiance en soi, la culpabilité ou la peur et non pas par nos besoins.

Donc, les impacts positifs de faire face à notre manque de confiance en soi, à notre sentiment de culpabilité et à nos peurs en relation avec l'autre, c'est d'abord la confiance soi, qui est en lien direct avec notre capacité d'affirmation non défensive. Il s'agit de l'aptitude à mettre en valeur ce que nous sommes et ce que nous ressentons. Ce qui doit être fait dans le respect des autres, et non pour les agresser, les dénigrer ou les culpabiliser. Le respect de soi d'abord, et de l'autre ensuite. C'est le premier – et le plus important – impact positif qui influence la relation. Car un manque de confiance en soi et un manque de respect de soi nous fait perdre le goût d'être avec l'autre. On perd le goût de partager quoi que ce soit avec l'autre, aussi bien un repas que la sexualité. Tant et aussi longtemps que l'estime de soi n'est pas retrouvée, tant que nous n'avons pas parlé de nos non-dits, le plaisir et le désir d'être avec l'autre diminuent.

Le deuxième impact positif de faire face à nos peurs, c'est de conserver son identité propre en relation avec l'autre. Ainsi, on ne se moule pas à lui par soumission. On choisit, plutôt consciemment à ce moment, de faire des compromis dans le but de se rejoindre. Car après la discussion, on en a envie ! On peut être appelé à mettre de côté notre désir premier, mais ce sera dans le but d'améliorer la relation amoureuse. Par exemple, au cinéma, je renonce à aller voir le film qui me tentait, afin qu'on aille plutôt voir celui qui fait envie à ma conjointe ; l'on pourra ainsi passer un bon moment ensemble.

Parmi les autres impacts positifs très importants, on retrouve le fait de se sécuriser l'un l'autre, puisque l'on donne l'heure juste à l'autre, alors que lui aussi fait de même. Par exemple, « je suis bien (ou pas bien) en ce moment en ta présence, et voici pourquoi. » Il s'agit toujours de s'exprimer de façon responsable, bien sûr. Faire face à nos peurs, c'est apprendre aussi à négocier pour trouver une solution bénéfique pour les deux. C'est apprendre à partager le pouvoir dans la relation, plutôt que d'entretenir une lutte pour l'obtenir. C'est, de plus, conserver son sentiment de liberté tout en nourrissant l'amour. C'est faire grandir l'attachement et vivre, malgré le temps qui passe, des moments de passion amoureuse. La longévité de la relation devient ainsi possible.

Sur la famille et les enfants, l'impact sera de présenter le modèle de conjoints qui osent exister en relation avec les autres, et qui font face à leurs propres peurs. Il s'agit d'une famille où chacun apprend à dire les *vraies affaires*. Grâce à cette capacité de s'affirmer, les enfants auront une meilleure estime personnelle, et ils se sentiront davantage en sécurité sur le plan affectif, en raison de ce sentiment d'attachement grandissant que procure la communication. Cela les aidera à faire de même dans leur vie à l'extérieur de la famille. Cette communication a aussi l'avantage de diminuer les peurs et l'anxiété que peuvent ressentir les enfants au cours de leur évolution.

Le principal impact positif de faire face à nos manques, à notre sentiment de culpabilité et à nos peurs en relation avec l'autre, c'est la confiance en soi. C'est aussi de conserver son identité en relation avec l'autre. C'est d'apprendre à négocier, apprendre à partager le pouvoir. C'est de conserver son sentiment de liberté, c'est de faire grandir l'attachement et d'avoir accès, malgré le temps qui passe, à des moments de passion amoureuse.

LA FIDÉLITÉ À L'ENGAGEMENT

Un couple fort, c'est un couple où les partenaires voient les autres possibilités de relations et les occasions d'aller voir ailleurs, mais ils font le choix de rester fidèles à leurs engagements et à leurs besoins affectifs l'un par rapport à l'autre.

Choisir et choisir encore l'autre, ça demeure l'un des grands défis de chacun des partenaires. Peut-être même le plus grand, car choisir une personne, c'est, d'une certaine façon, *perdre* les autres. Les occasions de rencontres – souvent quotidiennes – sont multiples : chez soi, en famille, au bureau, en voyage, avec les clients, les confrères, les consœurs, les voisins, les amis, les amis de nos enfants, ceux de nos parents, ceux de nos frères et de nos sœurs, ceux de notre conjoint ! Ouf ! À moins de vivre isolé, on doit chaque jour faire de tels choix.

Ces occasions de rencontres peuvent survenir à des moments où l'on se sent plus vulnérable : en manque d'écoute, d'affection, de valorisation, de sexe. On peut être à la recherche de l'intensité que peut procurer une nouvelle rencontre ou à la recherche de la poussée d'adrénaline que procure la séduction ; bref, l'on est vulnérable aux promesses que recèle une nouvelle rencontre. Dans ces circonstances, confrontés à nos pulsions sexuelles et affectives, mis face à nos manques et nos besoins, face à nos valeurs, nous sommes souvent déchirés : « Il semble tellement compréhensif. » « Il paraît si sûr de lui, si tendre et si séduisant. » « Elle m'apparaît bien dans sa peau, elle semble aimer la sexualité, j'ai l'impression qu'avec elle, je serais tellement bien, tout irait mieux, je n'aurais pas cette difficulté que j'ai dans mon couple.»

« Rechoisir » sa conjointe et son conjoint, c'est faire une croix sur toutes ces possibilités de satisfaction, de plaisirs, d'amour, de facilité, etc. Êtes-vous prêt à refuser tout cela ? Et surtout, n'en faites pas une question morale ! Il s'agit uniquement de déterminer ce qui vous rendra le plus heureux ! Votre volonté de prendre en main vos besoins affectifs – au-delà d'être *correct* ou *pas correct* – doit être basée, comme l'explique Colette Portelance dans *Aimer sans perdre sa liberté*, sur une profonde connaissance de vous-même et de vos besoins.

Les femmes ont souvent de la difficulté à choisir un seul homme pour ses qualités relationnelles : «il ne communique pas assez, il n'est pas affectueux». Et les hommes ont souvent de la difficulté à ne choisir, sexuellement, qu'une seule femme.

Ce sont des réalités dont j'entends régulièrement parler dans mon bureau – et que j'ai moi-même vécues : souvent, les femmes ont de la difficulté à choisir un homme sur la base de ses qualités psychologiques ; il ne possède généralement pas les attributs qu'elles cherchent chez un homme : « il ne communique pas assez, il est agressif, il ne s'affirme pas assez, il n'est pas assez affectueux, etc. » Et les hommes ont à leur tour de la difficulté à choisir sexuellement une femme : « elle n'est pas assez *sexuelle*, il y en a toujours une plus attirante, plus jeune, plus belle, etc. »

En réfléchissant de cette façon, on perd de vue – alors que notre regard erre ailleurs – ce qui se passe dans notre couple ou plutôt ce qui ne *s'y passe pas*. Nous sommes placés face à nos manques et à nos besoins insatisfaits.

C'est lorsque le couple est fragile que l'on entend le chant des sirènes, et que les possibilités de rencontre deviennent alléchantes (mais troublantes) : en effet, lorsque les malaises, les non-dits, la routine, l'insatisfaction et le connu s'opposent aux papillons dans le ventre, au nouveau, au rêve, aux fantasmes, à la possibilité d'une belle aventure intense, il peut être déchirant de faire un choix. C'est pourquoi ça prend absolument des moments nourrissants dans la vie de couple, sinon la lutte est inégale entre le rêve plein de promesses et la réalité insatisfaisante du couple.

Un amoureux heureux, c'est un amoureux qui a fait son choix.

C'est un amoureux qui a fait un choix éclairé, non pas aveuglément (car alors, ce ne serait plus un choix), mais en demeurant conscient de l'existence des autres possibilités.

Cas vécu

Justin et Claude sont ensemble depuis treize ans. Ils ont trois enfants. Justin vient me consulter en premier, car il a l'habitude, tous les deux ou trois ans, de tomber amoureux d'une autre femme. Chaque fois, pourtant, il « rechoisit » Claude. Par contre, le tiraillement ne s'arrête pas là : Justin reste hanté par les autres femmes qu'il voit passer. Il souhaiterait en connaître plusieurs. Ce déchirement le fait souffrir de culpabilité d'une part, et d'insatisfaction amoureuse d'autre part, car il n'apprécie pas complètement le fait d'être avec Claude. Cette fois, il est décidé à faire son choix, non par culpabilité ou par peur de perdre, mais parce que c'est ce qu'il désire vraiment. Premièrement, il décide de tout dire à sa femme et à sa maîtresse. Il est prêt à perdre sa conjointe et à s'en aller. Claude n'est pas surprise de ce qu'il lui exprime, car ils s'étaient vraiment éloignés l'un de l'autre depuis plusieurs années. Par contre, elle apprécie son honnêteté. C'est déjà un geste d'engagement. Elle lui dit qu'elle désire continuer à être en relation avec lui, mais qu'elle a besoin, pour se réinvestir elle aussi, qu'il fasse vraiment le choix d'être avec elle, et pas seulement en attendant. Et elle ajoute que si ce n'est pas le cas, c'est elle qui mettra un terme à la relation. Ils se donnent un an.

En cours de thérapie, Justin prend conscience qu'il n'exprime jamais franchement ce qu'il vit, ses besoins, ses limites et ce qui le dérange. Il ne dit pas à Claude qu'il l'aime ni qu'il l'apprécie vraiment. La peur de la perdre, la peur du conflit, la peur de se sentir coupable ou d'étouffer, toutes ces peurs l'amènent à fuir plutôt qu'à s'affirmer. Il commence donc à s'exprimer plus librement, autant avec sa maîtresse qu'avec Claude. Il n'en faut pas plus pour qu'il réalise la fragilité de sa relation « amant / maîtresse » qui n'avait comporté, jusque-là, que de bons moments. Ce qui met un terme assez rapidement à la relation clandestine et idéalisée. Mais son choix n'est pas pour autant fait.

Peut-être « la femme idéale » se trouve-t-elle quelque part ; peut-être que cette personne ne demande qu'à être rencontrée ? C'est le deuil qu'il lui reste à faire : se départir de cette pensée magique, que quelque part l'attend la femme qui sera la sienne, son âme sœur. Pendant ce temps, les années passent et il ne s'occupe pas de son bonheur avec Claude et leurs enfants. En même temps, il constate que plus il communique avec Claude, plus il l'apprécie, et plus il tient à elle et à sa famille.

C'est au bout de dix mois que Justin m'annonce qu'il « choisit » de vivre avec Claude, et que pour aller plus loin, ils désirent faire une thérapie de couple afin d'aborder tous ces sujets qu'ils ont évités depuis des années, et à cause desquels ils se sont éloignés. Il tient à s'engager avec Claude dans toutes les dimensions de leur relation : les activités individuelles versus les activités de couple, leur façon de communiquer, la dynamique malsaine avec les enfants contre l'un des deux parents, l'argent, la sexualité, etc.

Ce qui est frappant, c'est qu'en aucun cas, l'un des deux n'a cherché à blâmer l'autre ou à remettre la relation en question ; là n'était pas l'enjeu. L'objectif, désormais, était de s'affirmer mutuellement, tout en tenant compte de l'autre, dans le but de trouver des solutions à court, moyen et long terme face aux difficultés rencontrées. Justin me disait à quel point il aimait les femmes, mais qu'il voyait de plus en plus que son bonheur se trouvait dans sa capacité à « faire un choix ». Soit c'était Claude, soit c'était sa maîtresse, soit c'était rencontrer plusieurs femmes. Le choix était là, et devait uniquement être basé sur ce qui le rendrait heureux.

Choisir l'autre, ce n'est pas une rencontre devant l'autel, face à deux cents invités ; choisir l'autre, c'est souvent après quelques années de fréquentation, à la suite d'une période moins exaltante ou à la suite d'un moment où, dans un contexte de travail, par exemple, l'on vient de faire la rencontre d'une personne qui nous attire. Choisir alors son conjoint (et perdre cette possibilité d'aventure) est déchirant. C'est là que le choix constitue un défi.

IMPACTS POSITIFS DE LA FIDÉLITÉ À L'ENGAGEMENT

Un couple fort, c'est un couple dans lequel on voit les autres possibilités, tout en faisant le choix de rester fidèle à nos engagements et à nos besoins affectifs.

La vie – sociale comme professionnelle – offre une multitude d'occasions de rencontres. Et c'est très bien ainsi. Cela enrichit notre vie. Toutefois, en raison de ces rencontres, nous devons faire des choix sur les plans amoureux et sexuels, et cela, parfois quotidiennement. « Wow ! qu'elle est belle ! » « Hé ! qu'il a une belle philosophie de vie ! » « Comme j'aimerais la revoir ! » « Comme j'aimerais être avec lui, en ce moment. »

L'idée n'est certes pas de se rendre aveugle aux autres personnes intéressantes. Le désir, comme toute émotion refoulée, reviendra inévitablement. Et le jour où l'on retrouve la vue, eh bien, on ne voit plus clair ! Le « démon du midi » en est un bel exemple : en remarquant les autres personnes, nos priorités et nos engagements risquent de prendre le bord... le bord du lit, en fait, et avec une autre personne ! C'est pourquoi il est important de ne pas refouler ce que l'on éprouve pour les autres, mais d'apprendre à le gérer et surtout à faire des choix.

L'idée n'est donc pas de se castrer, c'est-à-dire de ne plus avoir de désir sexuel. L'idée, vous l'aurez compris, c'est d'être *capable* de voir les autres hommes ou les autres femmes, c'est d'être conscient des possibilités de rencontre, et de laisser vivre l'être sexué qui est en chacun de nous. En nous coupant de notre désir, nous nous coupons aussi du désir d'être avec notre partenaire.

L'idée, c'est d'apprendre à choisir consciemment. Et il est important d'être conscient d'une chose : faire ce choix implique un deuil. Chaque possibilité d'aventure sexuelle ou amoureuse, chaque fantasme amoureux ou sexuel impliquent un deuil. Il faut se centrer sur notre propre réalité. Là où se trouve notre pouvoir.

Ce deuil, ce n'est pas rien. C'est la perte de la possibilité de vivre de bons moments. C'est s'investir là où nos besoins nous ramènent. Là où notre engagement nous ramène. C'est un deuil, un choix et un exercice quotidien.

L'impact positif de cette fidélité à soi, c'est d'abord la sécurité affective. Encore une fois, de cette façon, nous avons la possibilité de répondre à ce besoin si primordial. Lorsque l'on choisit consciemment et quotidiennement l'autre, on se protège contre les continuels tiraillements. Nous cessons d'être déchirés entre plusieurs choix. Nous mettons ainsi un terme à l'insécurité que génère le fait d'avoir un pied dans une relation et l'autre dans un fantasme. Que ce fantasme soit amoureux, romantique ou sexuel.

Le deuxième impact positif, c'est de pouvoir bâtir sa vie, d'atteindre ses objectifs en ayant comme base la relation amoureuse qu'on a choisie.

Une personne amoureuse qui a choisi
est une personne heureuse.

Le troisième impact positif est le sentiment – si cher – de liberté. C'est ce que nous apporte le fait de faire un choix conscient, plutôt que de subir la relation, ce qui demande beaucoup d'énergie.

Finalement, le sentiment amoureux que procure le fait de choisir quotidiennement son ou sa partenaire. Ce que l'on ressent – en profondeur – c'est que le meilleur moment, la meilleure place où je puisse être, et la meilleure personne avec qui je puisse être, c'est maintenant, là où je suis, avec la personne que j'ai choisie. Il y a maintenant plusieurs années que j'ai compris que la relation de couple, c'est d'être amoureux de celui ou de celle qu'on a *choisi*. Et ça nous rend profondément heureux. On peut faire face beaucoup plus aisément aux difficultés.

Les impacts positifs : la sécurité affective, le pouvoir de bâtir
sa vie et d'aller vers ses objectifs de vie, le sentiment de liberté,
et le sentiment amoureux.

Quels sont les impacts sur la famille et les enfants ? Bien sûr, la famille s'en trouve stabilisée et sécurisée. Cette solide base favorise par la suite la prise en charge de sa vie. De plus, les enfants apprennent à faire des choix, à se responsabiliser et à prendre en charge leurs difficultés relationnelles, plutôt que de subir la relation. Ils apprennent particulièrement à faire face à la réalité, au lieu d'attendre qu'un rêve se réalise, qu'un idéal ou une illusion se concrétise.

PRENDRE SOIN L'UN DE L'AUTRE

Un couple fort, c'est un couple dont les partenaires prennent soin l'un de l'autre ; ils protègent leurs zones sensibles et leurs fragilités, ils s'occupent de leurs besoins affectifs et spécifiques qu'ils expriment, en lien avec leurs blessures.

En plus de toutes les bonnes choses que l'on reçoit au cours de notre éducation, l'on a aussi des zones sensibles : c'est incontournable.

L'héritage psychologique et relationnel ne peut être parfait, et ce, malgré la bonne volonté de nos éducateurs. En dépit de toutes les bonnes choses que l'on reçoit au cours de notre éducation, nous aurons des zones sensibles ; c'est incontournable. La perfection n'est pas de ce monde, et il est impossible, en tant qu'éducateur, de répondre à tous les besoins de l'enfant, de façon toujours appropriée, et toujours au moment opportun. De plus, en tant que parents (ou autre éducateur), nous avons nous-mêmes des zones sensibles. Ces fragilités passent de l'éducateur à l'enfant par le biais de nos attitudes, de nos valeurs et de nos messages. « Sois sur tes gardes, la vie est une jungle », par exemple.

Comment l'enfant se développera-t-il à partir des messages qu'il reçoit ? Cette question nécessite une réponse pour chaque individu. La réponse varie en fonction de l'éducateur ou du parent, de l'état dans lequel l'enfant se trouve au moment de la transmission du message, de ce qu'il enregistre, de ce qu'il fera avec, et de la réaction de son entourage au message. Toutes ces composantes auront un impact sur le développement de la personne. Pourquoi, dans une même famille, composée d'enfants ayant reçu la même éducation, certains développeront-ils une attitude différente de celle d'un autre membre ? La réponse est différente pour chaque individu.

Chacun, au cours de son enfance, vit des expériences plus ou moins désagréables, qui laisseront des traces – des zones sensibles – encore présentes à l'âge adulte. Ces sensibilités particulières sont le résultat des messages reçus au cours de l'éducation et d'expériences passées. Par exemple, Jeanne avait un père carriériste, dont elle était très fière, mais qu'elle voyait peu, et qui lui laissait souvent l'impression que tout, ou presque, était plus important à ses yeux qu'elle-même ; arrivée à l'âge adulte, elle est restée avec une sensibilité à la non-importance de la part de son conjoint. En conséquence, si son conjoint n'est pas réceptif à ce qu'elle est – ou surtout si, en sa présence, il donne plus d'importance aux autres qu'à elle –, cela réveillera aussitôt cette blessure.

Voyons aussi l'exemple de Serge, qui a été témoin de la perte d'emploi de son père et de sa mère, et de toute l'insécurité financière entourant cet événement. Adulte, il éprouve de la difficulté à avoir du plaisir et à dépenser ; marqué par cette insécurité, il compulse dans l'accumulation d'argent, plutôt que de prendre du bon temps. On pourrait énumérer autant de « zones sensibles » qu'il y a d'êtres humains, autant de zones sensibles qu'il y a d'histoires.

Prendre soin l'un de l'autre est, à mon avis, l'une des plus belles choses que la relation amoureuse peut nous apporter.

Prendre soin l'un de l'autre est, à mon avis, l'une des plus belles choses que la relation amoureuse peut nous apporter. Il y a, dans la relation amoureuse, un mouvement bénéfique qui consiste à offrir à l'autre ce que l'on possède comme force et comme compétence. Tu me fais profiter de tes forces par rapport à ta capacité à te réaliser professionnellement et de la sécurité que cela nous apporte en tant que couple et en tant que famille ; je te fais profiter de mes qualités de communicateur, ce qui améliore notre couple et unit notre famille.

Cela concerne donc les forces et les compétences, que chacun possède en grand nombre. Mais en plus de ces forces, il y a aussi les zones sensibles, que chacun dévoile à l'autre au fil du temps qui passe. Souvent, bien sûr, ce ne sont pas les premières parties de soi que l'on montre à l'autre ! C'est grâce à la façon dont on agit et à la façon dont on s'exprime que se révèlent ces zones sensibles.

Par exemple, tu m'as dit à quel point tu es sensible à la culpabilité ; c'est pourquoi je fais attention lorsque je m'adresse à toi, pour ne pas te rendre responsable de ce qui ne va pas, et ainsi te culpabiliser en vain. En retour, j'aime que tu fasses attention de ne pas me ridiculiser devant les gens, sachant à quel point l'humiliation me fait souffrir. Chacun acquiert, sans se nier, une connaissance de l'autre dont il profite de façon positive, en partageant avec lui une connaissance de ses zones sensibles, sans pour autant se censurer et aller à l'encontre du respect de soi-même. Par exemple, je sais à quel point tu es sensible au rejet, et j'y suis sensible en t'annonçant que j'ai une sortie avec des amis ; je ne veux pas m'empêcher de la faire, mais je tiens compte du fait que cela peut te peiner. Je peux être sensible à ce que cela te fait vivre, et te rassurer si tu as peur. Cela amène justement la fin de la boucle insatisfaisante pour la personne ayant cette zone sensible, et ce, à partir de ce geste qui consiste à *prendre soin* l'un de l'autre. C'est-à-dire exprimer à l'autre nos besoins affectifs et spécifiques, et tenir compte des nôtres.

Comme nous l'avons vu à plusieurs reprises, la notion de *besoins* est fondamentale dans la satisfaction au sein de la relation. Cela comprend l'expression des besoins personnels en dehors de la relation amoureuse, ainsi que l'expression des besoins en lien avec l'amoureux. Ajoutons maintenant qu'ils comprennent les besoins spécifiques qu'il me fera du bien d'exprimer, en lien avec les zones sensibles que je porte. Et je t'offrirai la même chose. Il ne faut pas oublier, lorsqu'on exprime nos besoins à l'autre, que ceux-ci existent parce que nous portons des zones sensibles, et non parce que le partenaire est inadéquat. Il ne faut pas oublier non plus que cette expression doit s'accompagner de la liberté de l'autre, lequel peut répondre oui ou non ; sinon, cela équivaut à demander à l'autre de nous prendre en charge.

Pour approfondir ce sujet, je vous encourage à vous référer à la troisième caractéristique du présent chapitre, ainsi qu'aux ouvrages de Colette Portelance, *Relation d'aide et amour de soi*, *La Communication authentique* et *Aimer sans perdre sa liberté*.

C'est la communication intime qui nous donne accès à cette complicité qui enrichit la relation amoureuse, qui nous amène à prendre soin l'un de l'autre, dans une sensibilité profonde, ce qui tisse un amour encore plus profond.

Cas vécu

Simone a toujours été sensible aux cris, et Alain percevait cela comme si elle tentait de l'empêcher de s'exprimer avec toute l'intensité qui l'habite. Jusqu'au jour où Simone, lors d'une séance de thérapie de couple, exprima à Alain à quel point elle avait souffert d'entendre les autres crier à la maison lorsqu'elle était enfant ; aussi, quand Alain élevait la voix, elle revivait la terreur qu'elle éprouvait, enfant, parce que les cris, au cours de son enfance, précédaient alors des moments de violence, et de remise en question du couple et de la famille. Dans ces situations, Simone souffrait alors d'anxiété et d'insécurité.

Elle expliqua aussi à Alain qu'elle ne voulait pas l'empêcher d'exprimer sa colère, mais qu'elle aimerait qu'il fasse attention au ton de sa voix, car cela la ramenait à son passé souffrant, même si elle savait que ce n'était pas l'intention d'Alain, et qu'il n'était ni agressif ni violent à son endroit. Elle ajouta qu'il lui serait en outre plus facile de l'écouter s'il s'exprimait avec plus de douceur. Alain connaissait le passé de Simone, mais jamais n'avait écouté sa conjointe avec autant de sensibilité. Il comprenait très bien, pour l'une des premières fois, que la demande de sa partenaire ne visait pas à l'empêcher de s'exprimer ; elle avait simplement besoin qu'il fasse attention à elle. C'est pourquoi il lui a promis de tenir compte de sa sensibilité au ton de voix et de faire des efforts en ce sens. Cette ouverture de la part d'Alain fit beaucoup de bien à Simone, laquelle développa par la suite une plus grande capacité à écouter Alain, même lorsque son ton montait un peu ; elle se sentait moins menacée, le sachant désormais sensible à ce qu'elle est. Elle apprit de plus à distinguer la colère de l'agressivité et de la violence. Cela l'amena même à exprimer elle aussi sa colère.

Cet exemple est valable pour chaque zone sensible, pour l'un comme pour l'autre. Par contre, pour réussir cela, il est d'une importance capitale d'éviter la méchanceté, la vengeance et la lutte de pouvoir à partir de ce que nous savons sur l'autre ; c'est-à-dire qu'il ne faut jamais utiliser ces informations pour attaquer l'autre, même lorsqu'on est soi-même blessé. Mais si cela devait quand même arriver, il faut dire qu'on a mal, et s'excuser sincèrement d'avoir utilisé ces informations privilégiées pour blesser l'autre.

Il faut s'engager à faire plus attention à l'autre à l'avenir. Par ailleurs, il faut aussi éviter les débats stériles, c'est-à-dire se demander qui a raison ou qui a tort ; cette lutte de pouvoir nous empêche d'écouter ce que l'autre a à dire et nous empêche aussi de prendre conscience de notre propre besoin d'être entendu. Une relation affective et amoureuse, ce n'est pas un champ de bataille ou une joute de hockey ; la loi de l'« œil pour œil, dent pour dent » n'y a pas sa place.

LES IMPACTS POSITIFS DE PRENDRE SOIN L'UN DE L'AUTRE

Un couple fort, c'est un couple où l'on prend soin l'un de l'autre, soit des zones sensibles, des fragilités, ainsi que des besoins affectifs et spécifiques de chacun, en lien avec nos propres zones sensibles.

Je dirais ici que l'impact positif premier, c'est le bonheur ! Prendre soin l'un de l'autre nous amène à être heureux. Car lorsque chacun est sensible à l'autre et compréhensif par rapport aux besoins et aux zones sensibles de l'autre, c'est l'équivalent d'un jardin luxuriant. Pensez à un jardin riche en fruits et en légumes, offrant généreusement à chacun ce dont il a besoin. La relation devient sécurisante, nourrissante, valorisante et motivante. Bien entendu, dans cette attitude mutuelle d'ouverture, on tient compte de l'autre en fonction de notre propre bien-être. Et lorsqu'il est impossible de tenir compte de l'autre – soit parce que nous sommes nous-mêmes confrontés à nos limites –, il ne s'agit pas de rejeter et d'ignorer l'autre, mais plutôt de se respecter. Bien entendu, cela doit se vivre en communiquant, pour que tout soit dit ouvertement et clairement.

Un couple où l'on prend soin l'un de l'autre, c'est sécurisant, nourrissant, valorisant et motivant.

Résumons : primo, la relation est sécurisante. L'on sait que l'autre ne fera pas exprès pour nous blesser. Il sera même attentif à nous. Ce qui permettra à chacun de continuer de s'exprimer ouvertement.

Secundo, la relation est nourrissante, parce que les partenaires sont ouverts aux besoins de l'autre, en tiennent compte et tentent de les combler.

Tertio, la relation est valorisante, car être en présence de gens qui comblent nos besoins, de façon sensible, ça nous donne de l'importance et ça nous valorise.

Et pour terminer, la relation est motivante. Car dans ce terreau si fertile, les membres de la famille, ainsi nourris d'amour et ainsi valorisés, auront davantage confiance en eux et se réaliseront plus aisément.

Donc, les impacts positifs sur la famille sont les mêmes : c'est sécurisant pour les enfants ; ils savent qu'ils peuvent parler de leurs souffrance et de ce qu'ils trouvent difficile, ils savent qu'ils ne resteront pas seuls et isolés avec ce vécu désagréable. Ils seront encouragés et se dépasseront, malgré les peurs et les difficultés. Enfin, ils seront empathiques et sensibles à l'égard de leur entourage, puisqu'ils auront appris tout cela à la maison.

LA RÉALISATION DE SOI-MÊME

Réaliser des projets est un besoin essentiel, lié à l'estime de soi. Il peut s'agir de démarrer une entreprise, de participer à un groupe social sur un thème qui nous touche, de pratiquer un sport qui nous passionne ou nous détend, de faire un voyage longuement désiré, de suivre un cours pour atteindre nos objectifs professionnels, d'actualiser notre potentiel dans les relations humaines, de construire le chalet de nos rêves, etc.

Chaque passage à l'action, à partir de ce que l'on désire ou rêve nous donne confiance en nous, renforce notre confiance en nous et augmente notre capacité à nous affirmer. Voilà pourquoi il est important de continuer à se réaliser individuellement, même lorsqu'on est engagé dans une vie de couple.

Le défi, c'est d'arriver à se réaliser sans nuire à notre relation. Il faut être en mesure de partager sa passion avec l'autre. Il s'agit d'arriver à se rassurer mutuellement, pour que chacun puisse continuer à s'émanciper, tout en restant complice et proche de l'autre. Sinon, soit on s'éteint tôt ou tard, soit on se réalise en ne tenant plus compte de ce que cela fait vivre à l'autre, et ainsi, on s'éloigne de lui.

Réaliser ses projets et actualiser son potentiel, ce sont des besoins essentiels, liés à l'estime de soi et à la confiance. La valeur que l'on s'attribue augmente, ainsi que notre capacité à nous affirmer.

Continuer à s'émanciper, lorsque l'on est en couple, et encourager l'autre à le faire aussi, ça favorise l'estime personnelle de chacun. Cela fait aussi en sorte que la relation reste vivante, et la passion, présente, ce qui ne nous empêche pas d'être engagé envers l'autre. Il s'agit donc de la base de la « recette ».

L'indépendance de l'autre nous a souvent attirés au départ, mais après quelque temps, nous nous sentons parfois menacés par cette même indépendance.

Souvent, lors des premières rencontres, nous sommes attirés par l'autre et nous le choisissons justement parce qu'il est capable de s'autodéterminer. Nous percevons chez lui cette capacité à être lui-même et à se réaliser ; sa capacité à s'émanciper *en dehors* de notre relation est souvent l'une des choses qui nous a séduits, et en même temps, après quelque temps, nous nous sentons plutôt menacés par cette même autodétermination.

Le danger, à ce moment, c'est de tenter de décourager l'autre dans son besoin de se réaliser. On agit ainsi, non pas parce que l'on ne veut pas le bien de l'autre, mais plutôt parce que cela nous insécurise, et parfois, nous confronte à notre propre difficulté à nous réaliser. Ainsi, on se compare, on se dévalorise, on dévalorise l'autre et on le décourage.

Mais comment arriver à se réaliser, tout en restant engagé l'un envers l'autre ? Comment rester sensible à ce que cela peut faire vivre de désagréable à l'un ou l'autre, tout en continuant de communiquer ?

Plus chacun travaille à sa réalisation personnelle, plus il a de chance d'être à l'aise avec le besoin de l'autre de se réaliser. Mais surtout, on arrive à être bien avec le besoin de l'autre en étant *rassurant* envers l'autre, par la communication. Avec le temps, on se rend compte que l'on ne se *perd* pas, et on laisse l'autre libre de se réaliser lui-même dans la sécurité et l'amour.

Bien sûr, cela devient fort différent lorsqu'un des partenaires s'éloigne de l'autre, et est davantage intéressé par les autres personnes que pour son conjoint. Il y a alors de bonnes raisons de s'inquiéter. Il est important, à ce moment, de se questionner avec honnêteté.

Cas vécu

Pour ma conjointe Marie-Josée et moi, la réalisation de soi est importante, autant qu'avoir un couple fort. Ce ne fut pas toujours le cas, mais maintenant oui, nous avons compris l'importance de se réaliser et les impacts que ça a sur notre vie personnelle et sur notre vie de couple. Par exemple, Marie-Josée est guide en haute montagne à travers le monde : le mont Everest, le Kilimandjaro en Afrique, le Machu Picchu au Pérou, et bien d'autres, sont des montagnes qui la passionnent et elle n'a pas l'intention de mettre ça de côté. Chaque fois qu'elle part, cela m'excite d'avoir du temps pour moi et ça me peine en même temps. Par contre, l'avantage d'entretenir nos passions mutuelles, c'est d'avoir une vie personnelle riche, ce qui est un plus que l'on peut partager avec l'autre. Pour ma part, en tant que conférencier, je voyage beaucoup, et ce, jusqu'en Europe. Passion que Marie-Josée ne partage pas toujours avec moi. Je continue ainsi à exister individuellement en dehors de notre relation amoureuse. Je me réalise grâce à mes compétences et à mes passions et grâce aux gens que je rencontre.

IMPACTS POSITIFS DE LA RÉALISATION INDIVIDUELLE

Un couple fort est un couple dans lequel on continue à se réaliser individuellement et où l'on encourage l'autre à se réaliser.

Les impacts positifs sont la liberté, la créativité, l'estime de soi et l'amour de l'autre.

La liberté au sein de la relation est un besoin essentiel. S'il était possible de dire qu'il y a un besoin plus important que les autres, ce serait le besoin de liberté. Car, comme nous le fait si bien comprendre Colette Portelance dans son ouvrage *Aimer sans perdre sa liberté*, l'amour et les partenaires ont besoin d'air pour vivre et croître, et c'est la liberté qui procure cet air. Continuer à se réaliser, et même être encouragé à le faire par l'autre nous rend libres. Plutôt que d'être amené à s'éteindre – ce qui est souvent le cas en relation –, on s'encourage mutuellement à atteindre nos objectifs. C'est la communication des peurs qui apportera la sécurité nécessaire à cette ambiance saine.

Par le fait même, notre créativité demeure vivante, et nous garde aussi vivants en tant qu'individu, ce qui a un impact direct sur notre estime personnelle. Se réaliser, avec des encouragements en prime, augmente l'estime de soi. Dans une atmosphère aussi motivante, c'est l'amour qui en sort gagnant.

Les impacts positifs d'un couple dans lequel on continue à se réaliser individuellement, et où on encourage l'autre à se réaliser se situent au niveau du sentiment de liberté, de créativité, d'estime de soi et d'amour envers l'autre.

Bien sûr, l'impact sur la famille et les enfants ira dans le même sens. Les enfants auront le modèle d'un couple où chacun continue à exister et à se réaliser individuellement. Ils auront le modèle contraire à l'étouffement au sein de la relation. Dans cette famille, ils seront tout naturellement eux-mêmes et encouragés à se réaliser. Ils connaîtront ainsi la liberté au sein de la relation, l'exigeront de l'autre et lui offriront aussi.

De plus, ils seront en mesure de refuser d'être contrôlés et dominés par les autres, ayant connu tout le contraire. Il ne faut pas oublier que l'on influence beaucoup plus les autres par nos actions que par nos beaux discours. Les enfants chercheront ainsi à recréer, à leur tour, cette forme d'amour sain.

BESOINS AFFECTIFS ET PLAISIRS PERSONNELS

Un couple fort, c'est un couple où les besoins affectifs et le bien-être de la relation ont préséance sur les plaisirs individuels.

Le danger, encore une fois, est d'y voir une question morale, c'est-à-dire, « que le plaisir ne serait pas une chose bien ». Cette erreur de compréhension risque d'occulter une question importante et souvent déchirante pour plusieurs couples : faire le choix, chaque jour, entre satisfaire son plaisir (écouter la télé, aller voir des amis, faire du sport, prendre un verre) ou agir en fonction de ses besoins affectifs (ses besoins d'amour, de sécurité, d'écoute, de reconnaissance, d'affirmation et de liberté, qui nous ramènent à l'importance de la relation affective).

Le plaisir est sain et essentiel à l'équilibre (un bon repas, s'amuser, rire, jouer, faire l'amour), mais il ne peut se substituer en permanence aux besoins affectifs. Si c'est le cas, nous parlons alors de compensation, voire de dépendance. Si les besoins affectifs sont insatisfaits, l'attrait pour les plaisirs rapides, immédiats, intenses et sans effort sera décuplé, et la satisfaction par le biais de ces plaisirs risque de devenir compulsive. En conséquence, si le plaisir a sa place dans une vie saine, il ne doit pas avoir préséance sur les besoins affectifs, sinon ce sont les sentiments amoureux de l'un envers l'autre qui en souffriront.

La relation amoureuse demande d'être entretenue, nourrie par le temps qu'on y investit. Comment ? En satisfaisant nos besoins affectifs tout étant en relation avec la personne que nous choisissons comme partenaire. Par exemple, vais-je m'installer devant l'écran de télévision pour regarder un bon film ou un match de football ou je propose à ma partenaire de faire une balade, et d'échanger avec elle sur la façon dont on se sent ? Est-ce que je choisis d'aller avec des amis faire une activité que j'aime ou bien je prends du temps avec ma partenaire pour entretenir avec elle le jardin, pour que nous ayons des projets communs, qui donnent un sens à notre couple ?

La priorité doit être mise sur nos besoins affectifs en lien avec la relation amoureuse. Pas tout le temps, pas exclusivement et chaque jour, mais on doit trouver l'équilibre.

Il n'y a pas de livret d'instructions qui dit précisément qu'Hélène, en relation avec Jacques, aujourd'hui, doit faire telle activité de couple, et ce soir, telle activité individuelle, et demain, être avec des amis.

Chacun a la responsabilité d'être à l'écoute de ses besoins et de ses manques ; chacun doit choisir entre ses plaisirs et ses besoins affectifs.

Choisir trop souvent ses plaisirs au détriment de ses besoins affectifs qui, je le répète, nourrissent la relation et les besoins affectifs de l'autre, relève de l'égoïsme. Lorsqu'on est trop centré sur soi-même, il n'y a pas de place pour la relation et il devient difficile de connaître l'amour.

Et, trop souvent, choisir la relation au détriment de sa propre personne conduit à la négation de soi et fait obstruction à l'amour.

Je rencontre régulièrement des clients qui se mentent à eux-mêmes en disant : « Oui ! Je veux l'amour, oui ! Je l'aime », mais qui ne cultivent pas cela au quotidien, en faisant les choix nécessaires en ce sens. En fait, ils ne veulent pas perdre la sécurité que l'autre leur offre, mais ils choisissent plutôt chaque jour leurs plaisirs personnels, leurs ambitions, et n'offrent qu'un peu de temps à l'autre, pour le calmer, lorsqu'il revendique un peu trop. Ce travail, comme tous les autres points, nécessite d'être d'abord honnête avec soi-même. Pour connaître les vertus et les bienfaits de l'amour, nous devons apprendre à le *choisir*.

Pour connaître les vertus et les bienfaits de l'amour, nous devons apprendre à le choisir !

Cas vécu

Victor est un homme de plaisir ; il adore l'informatique, le vélo de course, la bonne bouffe, les femmes, les sorties entre amis et perd facilement ses besoins affectifs dans la mare de ses passions. Et comme plusieurs personnes, c'est dans la perte qu'il réalisa qu'il tenait à celle qui partageait sa vie. C'est donc après ce nouvel échec amoureux qu'il se rendit compte d'un certain déséquilibre sur le plan de la satisfaction de ses besoins ; il devait trouver un équilibre entre le temps qu'il consacre à ses plaisirs et à ses passions et celui qu'il consacre à la satisfaction de ses besoins affectifs d'amour, de sécurité et de liberté. Il avait maintenant envie d'avoir une vie amoureuse satisfaisante, sans pour autant perdre la liberté de s'adonner à ses passions. En fait, Victor avait l'impression que tenir compte de l'autre et de la relation amoureuse, c'était une privation.

C'est alors, avec ce nouvel échec amoureux, qu'il prit conscience que ce n'était pas pour l'autre qu'il devait tenir compte de la relation, mais pour lui, pour son bonheur, pour son équilibre affectif, pour la satisfaction de son besoin d'amour et de sécurité affective. Il prit conscience qu'il pouvait tenir compte de la relation amoureuse, et que cela ne lui enlèverait rien. Il commença donc une nouvelle relation amoureuse et consacra plus de temps à la communication ainsi qu'aux activités communes, en s'y investissant réellement, et non comme il le faisait avant, alors qu'il subissait la relation. Comme pour le reste de ses passions, il y prit plaisir et put être satisfait d'une relation amoureuse plus riche, et ce, en ne laissant pas de côté ses autres plaisirs. Il apprit en fait à trouver l'équilibre entre la satisfaction de ses plaisirs et la satisfaction de ses besoins affectifs. Il apprit qu'une fois que ses besoins d'amour et de sécurité affective étaient satisfaits au sein de l'engagement amoureux, il était encore plus heureux. Ce n'était donc plus une privation ; c'était la base à son bonheur. Ce qui l'aida à faire des choix entre les moments passés à l'ordinateur et ceux à marcher avec sa copine. Et ainsi de suite en ce qui concerne les choix à faire entre ses activités personnelles et leurs activités communes.

IMPACTS POSITIFS DU RESPECT DES BESOINS ET DES PLAISIRS

Un couple fort, c'est un couple où les besoins affectifs ont préséance sur les plaisirs individuels.

Il est encore une fois important de se référer à ce que j'affirmais plus haut concernant l'importance du plaisir dans la vie.

Une vie en manque de plaisir, c'est une vie déprimante, qui n'a pas de sens. Pourquoi faire tant d'efforts pour toutes sortes de choses – les études, le travail, l'entraînement, la discipline –, si l'équilibre n'est pas atteint grâce au plaisir ?

Il faut atteindre l'équilibre entre les responsabilités et la satisfaction des plaisirs dans sa vie ; mais attention, il ne faut pas confondre la satisfaction des plaisirs avec la *fuite* dans le plaisir, c'est-à-dire lorsque la fuite devient une compensation au manque de satisfaction des besoins affectifs d'amour, de sécurité, d'affirmation, d'écoute, d'acceptation, de créativité, etc.

Cela dit, on peut se concentrer sur les impacts positifs, liés au fait que les besoins affectifs ont préséance sur les plaisirs compensatoires individuels de chacun. Avoir préséance, ça signifie, par exemple : « Attends, je trouve plus important que l'on s'arrête un moment pour discuter de cette question que de m'isoler devant la télévision. Je trouve plus important en ce moment de considérer ce malentendu au lieu d'aller magasiner avec une amie. Je trouve plus important en ce moment de nourrir mon besoin d'intimité avec toi, même si cela me manque d'aller au golf. J'irai après ou j'irai demain. »

Ces moments cimenteront la relation. Surtout, ils ramènent à l'essentiel, c'est-à-dire à la satisfaction des besoins affectifs, des besoins du **cœur**. Il est difficile de décrire ce que nous ressentons lorsque nos besoins sont satisfaits plutôt que compensés. Je crois vraiment que l'expression « ça nous ramène à l'essentiel », c'est-à-dire – comme je l'interprète –, à un sentiment de légèreté et de bonheur, est la meilleure expression qui soit. L'essentiel relègue au second plan toutes sortes de préoccupations secondaires, et l'habitude de la recherche d'un artifice inutile, qui ne nous satisfera en rien. On ne fait que fuir nos manques. Ça demeure un choix à faire lors de chaque occasion. Parfois, bien sûr, on choisit le plaisir et c'était la bonne chose à faire. Chacun doit y déceler son réel besoin.

Quels sont les impacts positifs liés au fait que les besoins affectifs ont préséance sur les plaisirs personnels ? Ces moments cimentent la relation ; ils nous ramènent à l'essentiel, relèguent au second plan toutes sortes de préoccupations secondaires et mettent un terme à l'habitude de la recherche d'un artifice inutile, qui ne nous satisfera en rien.

L'impact sur la famille et sur les enfants, c'est que chacun apprend à satisfaire ses besoins affectifs au sein de la relation ; chacun apprend à les choisir plutôt que de les fuir et ou de les compenser. Tous les membres de la famille apprendront l'importance de l'atteinte de cet équilibre.

LES PROJETS COMMUNS

Un couple fort, c'est un couple qui a des projets communs.

Identifier des projets communs, c'est s'engager, ce qui fortifie le couple. Dans toutes les équipes, on tente d'unir les participants autour d'un projet commun, et un couple, c'est une équipe. Que ce soit la victoire au sein d'une équipe sportive ou la mise en marché d'un nouveau produit par une équipe de travail, l'objectif commun unifie les participants, donne un sens à l'existence du groupe, rapproche les gens et favorise le partage du vécu – qu'il s'agisse de déception ou de joie.

Les projets communs disent à l'autre :
« J'ai envie de faire ma vie avec toi. »

Les projets communs ont la propriété de transformer la passion du début de la rencontre en une passion pour la vie commune. Le projet commun, c'est le partage et l'évolution. La mise en place d'un projet commun signifie en fait pour chacun des partenaires : « Avec toi, je me réalise, et avec moi, tu te réalises. » Dans cette dynamique relationnelle, l'autre prend de l'importance, et la relation aussi. Une importance saine et constructive pour les deux, qui fait grandir les sentiments d'amour de l'un envers l'autre. L'attachement va sans cesse en augmentant. Les projets communs disent à l'autre : « J'ai envie de faire ma vie avec toi. »

Identifier des projets communs, c'est s'engager à prendre en charge notre bonheur individuel et notre bonheur au sein du couple. Que ce soit la santé, les voyages, la croissance personnelle sur les plans psychologique, relationnel ou spirituel, un projet d'affaires ou l'éducation des enfants, la maison, la sexualité, etc.

Par exemple, ma conjointe et moi avons connu les deux façons de faire, c'est-à-dire que pendant plusieurs années, nous n'avions pas de projet commun identifié comme tel. Nous étions chacun dans nos projets individuels. Nous avons ainsi nui à la solidité de notre couple.

Puis, à la suite des difficultés qu'amène le non-engagement vint un jour la décision commune de s'engager de façon plus sérieuse. Notre premier projet commun – cela me touche encore aujourd'hui – fut l'éducation de notre fille. Nous nous sommes unis autour de ce projet. Par la suite ont suivi plusieurs autres projets de couple, qui ont varié avec le temps : ce fut la maison, qui est encore aujourd'hui un projet commun, ensuite notre façon de communiquer, notre réussite professionnelle, des voyages, notre santé, une vie sociale plus riche, etc.

Pour identifier des projets communs, ceux-ci doivent être sentis de l'*intérieur*. Je dois en avoir envie. Ils sont en lien avec nos besoins affectifs, conduisent à une vie plus satisfaisante et plus heureuse. Nous n'avons pas ces projets communs pour les autres (mon père, ma mère, les voisins, les amis, pour le bien paraître), sinon, ils seront difficiles à assumer, et risquent de générer davantage de conflits que de satisfactions, et les difficultés vont nous décourager au lieu de stimuler notre créativité.

Une fois le projet commun identifié, comment va-t-on le réaliser (c'est la complicité) ? Comment va-t-on le vivre ensemble ? Comment nous en parlerons-nous ? Comment allons-nous nous ajuster ? Comment partagera-t-on les tâches ? On discutera des heures, parfois répéterons-nous les mêmes choses que la veille, en retournant les problèmes et les solutions de tous bords, tous côtés. On fera des essais, on suivra des cours, on s'informera, on en parlera avec des gens qui ont ce même projet. En fait, on fait grandir le projet, on fait grandir la relation, et le plaisir en même temps.

Cas vécu

Marie-Josée et moi avons connu la différence entre une relation où les partenaires sont non engagés et sans projet commun, et celle où les partenaires sont engagés, avec des projets communs. Depuis plusieurs années maintenant, notre choix de couple est clair. Notre premier projet commun fut d'avoir une relation de couple satisfaisante et d'éduquer notre fille. Ce qui va de pair. Ce fut en encadrant notre fille et en l'aimant que nous nous sommes investis dans ce projet commun qui venait du cœur. Bien sûr, nous le faisions avant, mais nous ne formions pas une équipe aussi unie ; c'était plutôt vécu individuellement. Nos discussions ressemblaient davantage à des reproches ; nous ne cherchions pas à tout mettre en œuvre pour aider notre fille à grandir. Maintenant, nous l'aidons de façon beaucoup plus efficace. Notre deuxième projet commun fut l'établissement d'un lieu de résidence à notre goût. Par la suite, notre projet commun fut la réussite professionnelle et la sécurité financière. Et s'ajoute à cela notre santé, par des changements en ce qui a trait à l'alimentation et à l'activité physique. Nous sommes devenus encore plus complices grâce à ces différents projets, plutôt que de vivre cela chacun de notre côté. En plus, maintenant, notre santé par l'activité physique et par l'alimentation est un projet qui touche toute la famille. Chacun y contribue. Ce qui augmente le plaisir et nous fait apprécier les transformations que cela implique. Cette attitude facilite la réussite de nos projets. L'un des membres de la famille apprend quelque chose de nouveau et le dit à l'autre, puis l'autre pose une action qui est bénéfique pour tous, etc.

IMPACTS POSITIFS DES PROJETS COMMUNS

J'ai pris conscience des bienfaits des projets communs sur le couple il y a à peine quelques années. J'ai surtout pris conscience qu'en fait, dans chaque couple, les partenaires ont des projets communs. Mais ils n'en sont pas toujours conscients. Et ces projets peuvent être une source de conflits au lieu de rendre l'un et l'autre complices et faire en sorte que chacun se réalise.

Comme je le mentionnais au chapitre précédent, avoir un appartement avec son conjoint, une voiture, un enfant ou s'occuper de notre santé, avoir à cœur la réussite de l'un des deux partenaires dans un domaine donné sont autant de projets communs, c'est-à-dire qui concernent l'un et l'autre.

La vie de couple est remplie de projets communs, et chacun de ceux-ci a le potentiel de devenir une occasion de générer des conflits ou d'être complice ou de se réaliser. La réalité, c'est que dans tout projet commun, il y a des ajustements qui doivent être faits, qui peuvent donner lieu à des conflits passagers. C'est normal. Mais lorsque les deux communiquent sainement, et lorsque les compétences et les territoires de chacun sont clairement établis, les impacts positifs prendront vite le dessus, et deviendront des atouts importants – voire essentiels – à la bonne santé et à la durée du couple.

L'impact positif des projets communs menés consciemment est de garder les sentiments amoureux et passionnels vivants, au-delà de la nouveauté ; cela donne un sens au couple. Ça stimule le couple. Ça unit les partenaires, fait en sorte qu'ils se supportent mutuellement et aide chacun à se dépasser.

Ces projets communs sont une source de valorisation pour chacun. Sur le plan de la communication avec l'autre, cela aussi devient une occasion de reconnaissance des compétences et des forces de chacun.

L'impact positif des projets communs est de garder les sentiments amoureux et passionnels vivants. Ça donne un sens au couple, ça stimule et unit les partenaires, ça favorise le dépassement et ça aide l'un et l'autre à se supporter mutuellement. Ce qui valorise chacun.

En ce qui concerne la famille et les enfants, habituellement, tout le monde est sollicité, et ce, de différentes façons, pour la réussite d'un projet commun. Ne serait-ce que d'aider, par leurs bonnes pensées, la réussite du projet des parents ou aider à transporter du matériel, par exemple. Ce qui unit toute la famille autour d'un objectif commun. Plus spécifiquement, les enfants ont un modèle de partenaires complices, mais aussi un modèle sain de travail d'équipe, ce qui leur servira plus tard. Ils auront aussi à exploiter leurs qualités sociales et leurs qualités de communicateurs, qui sont nécessaires à la réussite de tout projet. De plus, chose importante pour les enfants, et plus particulièrement pour les adolescents, ils apprendront à canaliser leur énergie de façon constructive et de façon créative.

LA FIERTÉ MUTUELLE

Un couple fort, c'est un couple où chacun est fier de l'autre.

Malheureusement, nous assistons trop souvent en public à des scènes plutôt tristes : vous savez, ce genre de scène où l'on voit l'un des deux partenaires dénigrant l'autre ou même les deux se dévalorisant mutuellement.

Cette attitude défensive peut être motivée par des non-dits qui subsistent entre les deux – la présence d'autres personnes permettant à l'un des deux partenaires de se soulager et de passer son message –, mais elle peut aussi très souvent être commandée par un besoin de se rehausser aux yeux des autres en abaissant son partenaire.

Cette façon de faire tue littéralement l'amour. Cette manière maladroite de s'occuper de ses besoins occasionne des blessures. La personne blessée nourrira alors du ressentiment envers l'autre, et la personne blessante entretiendra de son côté une image négative de l'autre.

Vous savez, cette scène où l'on voit l'un des deux partenaires dénigrant l'autre ou même les deux se dévalorisant mutuellement. Cette façon de faire tue littéralement l'amour.

Sans tomber dans l'admiration aveugle, nous devons apprendre à voir ce que nous apprécions chez l'autre, à le remarquer, à le reconnaître et à entretenir une vision positive de l'autre. C'est tout le contraire que de critiquer négativement l'autre ; cette vision teintée de jugement porte atteinte à l'image que nous nous faisons de lui, à la dynamique relationnelle que nous entretenons, ainsi qu'à l'amour que nous avons pour l'autre.

À force de critiquer l'autre, on finit par développer de l'indifférence amoureuse à son endroit, ou pire encore, nous finissons par le détester. Pour arriver à garder une image positive de l'autre et pour continuer à l'aimer, il faut communiquer efficacement et sainement, et être capable d'exprimer nos malaises, pour ne pas qu'ils déteignent sur toute la relation. Comme je le dis souvent en conférence, les émotions désagréables que nous entretenons envers l'autre ne s'enfuient pas par les pieds, elles restent bien présentes dans la relation et ne demandent qu'à être exprimées. C'est à nous de choisir si ces émotions seront destructrices ou constructives. C'est un choix, et les deux voies sont possibles.

La fierté envers soi-même se nourrit du regard que l'on se porte. Il en est de même pour la fierté envers l'autre. Il est nécessaire de regarder l'autre de façon amoureuse et de lui dire qu'on est fier de lui. Être capable de voir et de dire : « J'apprécie l'aide que tu m'as apportée concernant mon travail, en fait, j'apprécie ta capacité d'écoute ; tu ne me juges pas », par exemple. Ces affirmations doivent être vraies et ressenties. « J'aime tellement tes yeux, je te trouve beau ce matin, je t'aime, j'ai envie de toi, j'aime que tu sois patient avec moi, j'aime tes conseils si judicieux. »

Je me souviens très bien de Claudette et d'Antoine, un jeune couple au début de la trentaine. Ils se reprochaient tellement de choses qu'il n'y avait plus de place pour l'appréciation. Ce fut tout un travail thérapeutique que de retrouver l'amour qui les unissait.

C'est ce que je vous propose ici comme exercice. Commencez à penser à votre partenaire et déterminez ce que vous appréciez chez lui ou chez elle, d'abord sur le plan physique. Ses yeux, sa silhouette, sa façon de s'habiller, ses mains... Je vous propose de trouver quelque chose qui vous fait vibrer et de l'identifier le plus clairement et le plus précisément possible ; sa façon de s'affirmer, sa douceur, sa façon d'écouter, sa débrouillardise, son dynamisme... L'important, encore une fois, c'est qu'il s'agisse de quelque chose qui vous fait vraiment vibrer. Puis, je vous encourage à refaire cet exercice régulièrement, au moins une fois par semaine.

Si vous avez de la difficulté avec cet exercice, essayez de voir ce qui vous nuit. Y a-t-il des non-dits entre vous ? Êtes-vous une personne qui a de la difficulté à exprimer de la reconnaissance ? Peut-être avez-vous plus de faciliter à critiquer l'autre ? Il est alors important de travailler cela, et peut-être de faire une thérapie. Peut-être que vous avez été plus critiqué que reconnu par vos parents ?

Cas vécu

Le jour où Marie-Josée et moi, nous sommes engagés à nous choisir réellement, il y a de cela une dizaine d'années, j'ai pris conscience que je ne l'admirais plus. Donc, la première chose que j'ai faite, c'est de la regarder et de trouver ce que j'aime chez elle, sur le plan physique, mais aussi en ce qui concerne ses attitudes et sa personnalité. La première chose qui me frappa, ce fut ses yeux. Ça me touche d'écrire cela. J'avais toujours aimé ses yeux, depuis notre première rencontre. La regarder de nouveau ainsi, dans les yeux, ça m'a touché et ça nous a unis de façon très nourrissante. Je me suis aussi arrêté pour la regarder physiquement, pour prendre plaisir à voir à quel point elle est belle, ce que j'avais oublié. Puis, je me suis mis à l'écouter parler avec les gens et j'ai redécouvert à quel point elle est généreuse. Puis, je l'ai regardée avec moi et Dahlia, et j'ai redécouvert aussi à quel point elle est chaleureuse et ricaneuse, et à quel point elle prend soin de nous. Je l'ai aussi regardée aller dans sa vie, à quel point c'est une personne d'influence qui aide les femmes à se dépasser, à demeurer fière et indépendante. Je suis fier d'elle, et impressionné de voir à quel point c'est une athlète accomplie, et je ne me gêne pas pour lui dire et le dire. C'est ce qui me rend fier d'elle et c'est ce qui nourrit mon amour pour elle ; et j'avais perdu cela.

Je vous propose un exercice. Arrêtez-vous et concentrez-vous sur une chose que vous appréciez chez votre conjoint, que ce soit physiquement ou sur le plan de sa personnalité ou en ce qui concerne ses attitudes. Prenez le temps de bien considérer cet élément qui doit vous faire vibrer. Puis, refaites l'exercice le lendemain, avec une autre caractéristique, et cela pendant cinq jours, et finalement, refaites l'exercice au besoin, afin de nourrir l'amour que vous lui portez et afin d'être fier de votre conjoint.

IMPACTS POSITIFS DE LA FIERTÉ MUTUELLE

Un couple fort, c'est un couple où chacun est fier de l'autre.

Souvent, et malheureusement, on dirait qu'avec le temps qui passe, on cesse d'apprécier l'autre, d'être fier de lui. Pourtant, on ne manque pas de retenir ce qui nous déplaît, ce qui nous dérange ou ce qui nous fait honte. Ce qui tue l'amour.

Il faut continuer à être sensible à ce que nous apprécions tant chez l'autre et le dire, afin d'être fier – non pas de façon aveugle – des qualités de l'autre : ses yeux si charmants, son sens des responsabilités, son souci de l'ordre, sa capacité à éprouver du plaisir, etc. Ça demande des efforts. Mais les bienfaits sont importants pour le couple.

D'abord, on continue à avoir une image positive de l'autre. Ce qui entretient l'amour que chacun porte à l'autre. L'un et l'autre peuvent continuer à s'admirer, ce qui valorise chacun des partenaires de façon juste et réaliste. Ce qui motivera chacun à se réaliser.

Être fier de l'autre fait en sorte que l'on continue à avoir une image positive de l'autre. Ce qui entretient l'amour. L'on peut aussi continuer à admirer l'autre . Le couple fait en sorte que chacun est valorisé, et non pas le contraire.

L'expression de la reconnaissance et de la fierté de tous ses membres unit la famille. Chacun est fier d'appartenir à cette famille. Pour leur part, les enfants apprennent à porter un regard positif sur eux-mêmes, ce qui est très important pour l'estime de soi. Les enfants apprennent à être positifs vis-à-vis les gens qui les entourent, et à reconnaître les forces des autres de façon réaliste.

LA RÉALITÉ PLUS QUE L'IDÉALISATION

Un couple fort, c'est un couple dont la relation est basée sur la réalité de la vie à deux et non pas sur l'idéalisation du couple.

C'est au cours de notre jeune âge que se dessine en nous une image de ce que l'on voudrait comme vie de couple.

Cette image est issue des modèles marquants de couples que nous avons vus : parents, frères, sœurs, voisins, oncles, tantes. Parfois même de la télévision, de nos lectures, des films qui nous ont présentés. C'est ainsi que l'on se fait une image tantôt négative, tantôt idéalisée du couple, une image inspirée des modèles qui nous ont été présentés ou alors à l'opposé de ceux-ci.

Imaginons par exemple que mes parents étaient souvent en conflit. Ce modèle me faisait souffrir d'insécurité. Ce qui m'a amené à vouloir être différent. Donc, je ne veux pas d'un couple avec des conflits, c'est trop insécurisant. Comme autre exemple, imaginons que mes parents s'étouffaient l'un l'autre. Je les ai vus souffrir du manque de liberté. Ce qui me faisait mal à mon tour. Donc, je voudrais avoir un couple très indépendant, pour éviter de ressentir cette souffrance.

Chacun s'est formé l'image du couple qu'il désire, à partir de différents modèles. Parfois à partir de plusieurs de ces modèles. Ce qui est très bien, car cette image devient un guide pour chacun dans la construction de son couple, qui satisfera – souhaitons-le, nos besoins.

Une image idéalisée du couple ne tient pas compte de la réalité des difficultés de la vie de couple, et qui sont inhérentes à la vie amoureuse. Par exemple, les différences rencontrées chez les partenaires. Dans l'idéalisation, on croit que pour s'aimer, il faut être semblable à l'autre. Ce qui n'est pas la réalité. Si cette idéalisation, comme c'est souvent le cas, nous ferme à la réalité, alors la déception, la frustration, le manque de solutions et la désertion de la relation de part et d'autre seront souvent au rendez-vous.

Baser sa relation amoureuse sur la réalité, ce n'est pas lâcher ses rêves, mais accepter de voir à partir de quoi on a à travailler, pour mieux se rendre vers la création du rêve que l'on entretient pour sa vie de couple.

C'est cela qu'il est important de garder à l'esprit. La réalité, dans cette optique, n'est pas un éteignoir. C'est pourquoi baser sa relation amoureuse sur elle, ce n'est pas de laisser de côté ses rêves, mais accepter de voir à partir de quoi on a à travailler, pour mieux se rendre vers la création et la réalisation du rêve que l'on entretient pour sa vie de couple.

Par exemple, je désire que moi et mon partenaire, nous communiquions. Mais mon conjoint n'a pas cette facilité, et craint même la communication ; il réagit négativement à cela. Je peux choisir de le quitter. Par contre, si je choisis de rester, alors vient la seconde étape : comment m'occuper de ce besoin que j'ai sans dominer l'autre, sans le culpabiliser, le critiquer ou l'inférioriser. Je prends alors en main mon besoin. Je fais en sorte que l'autre y soit sensible. Je cherche ainsi à ajouter cet élément si important à ma relation amoureuse. C'est la même chose si je désire faire des activités avec mon conjoint, si je désire être plus indépendant dans mon couple, si je tiens à avoir plus de responsabilités financières, etc. En fait, nous devons regarder la réalité *telle qu'elle est.* Ma conjointe a une vie sociale importante, et moi, j'aimerais que l'on soit plus souvent ensemble. Mon conjoint parle peu, et j'aimerais que nous communiquions plus. Ma conjointe est très préoccupée par sa carrière, mais elle me manque. Cela peut aller aussi loin que : mon conjoint a une dépendance à l'alcool, ma conjointe est jalouse de façon maladive, mon conjoint est agressif et violent. La question est : je te quitte ou je reste ? Si je reste, je dois agir en fonction de la réalité du couple. En fonction de ce qu'est l'autre et de ce que je suis moi-même. Je suis dépendant affectif, je suis dépendante financièrement, je suis jaloux, je suis agressive, j'ai une dépendance quelconque à l'alcool, au sexe ou à autre chose.

J'entends régulièrement dans mon bureau des gens répéter qu'ils comprennent très bien que l'autre ne peut être parfait, et qu'eux-mêmes ne le sont pas. Qu'ils doivent apprendre à accepter l'autre tel qu'il est, et ce qu'ils sont eux-mêmes. J'observe que c'est facile à dire, mais qu'en même temps, ce que je vois dans la réalité, c'est que l'on se bute à la difficulté à accepter l'autre tel qu'il est. Ce que l'on dit à ce moment, c'est : « D'accord, je veux bien l'accepter... mais pas cela ! C'est trop ! N'importe quoi d'autre, mais ça, ça n'a pas de bon sens ! » « Elle a beaucoup de difficulté à s'engager. » « Il est bien trop colérique. » « Elle veut me contrôler comme ce n'est pas possible. » « Il vit tellement d'insécurité sur le plan financier. » « Elle ne veut jamais faire l'amour. »

Vous aurez remarqué les superlatifs. On a l'impression que soit on se résigne, soit on quitte l'autre. La réalité, c'est que si l'on veut avoir une vie de couple satisfaisante, on fera inévitablement face à des difficultés. Avec cette personne ou avec une autre ! On peut bien quitter la personne avec qui l'on vit et choisir un nouveau conjoint ; les difficultés seront peut-être différentes, mais une difficulté demeure une difficulté, et penser qu'une autre sera plus facile à régler est bien illusoire !

En fait, il est ardu de faire face à la réalité : il s'agit de faire des choix et de s'engager envers soi-même, de mettre en valeur d'une façon créatrice nos besoins dans notre relation amoureuse, sans prendre de pouvoir sur l'autre. Cette attitude n'a pas d'avenir lorsqu'il est question d'amour.

Prendre du pouvoir sur l'autre est un moyen non pas de s'occuper de soi dans sa relation ni de ses besoins, mais d'éviter ses propres malaises. Prendre du pouvoir sur l'autre, c'est critiquer l'autre, le culpabiliser, le juger et l'inférioriser.

Je vous propose ici un exercice. Prenez le temps de réfléchir à ces trois questions.

Comment était la vie de couple de vos parents ou le principal modèle de couple que vous ayez eu, enfant ; que diriez-vous pour les décrire objectivement ?

Sur le plan relationnel

....

....

....

Sur le plan financier

....

....

....

Sur le plan professionnel

....

....

....

Sur le plan social

....

....

....

Sur le plan matériel

....

....

....

Sur le plan sexuel

....

....

....

Comment aimeriez-vous que soit votre vie de couple ?

Sur le plan relationnel

....

....

....

....

Sur le plan financier

....

....

....

Sur le plan professionnel

....

....

....

Sur le plan social

....

....

....

Sur le plan matériel

....

....

....

Sur le plan sexuel

....

....

....

Maintenant, regardez ce qu'est en réalité votre vie de couple, et ce qu'elle a été jusqu'ici.

Sur le plan relationnel

....

....

....

Sur le plan financier

....

....

....

Sur le plan professionnel

....

....

....

Sur le plan social

....

....

....

....

Sur le plan matériel

....

....

....

Sur le plan sexuel

....

....

....

Ce peut être une réflexion désagréable, mais ce que je vous propose, c'est d'en profiter pour prendre conscience d'un possible décalage entre votre idéal et la réalité. Dans le but non pas de vous décourager, mais de voir ce que vous devez travailler. En profiter pour regarder si votre vie de couple est bien celle que vous *voulez*, si elle satisfait vos besoins. Pas pour condamner l'autre ou le quitter, mais pour réorienter votre façon de communiquer et pour agir autrement.

Continuons la réflexion :

Qu'avez-vous de la difficulté à accepter au sein de votre relation amoureuse, en ce moment ?

De l'autre

....

....

....

De vous

....

....

....

De la relation

....

....

....

Donnez un exemple

....

....

....

....

Et maintenant, sachant cela, considérez ce que vous faites pour vous aider

....

....

....

Quel est le résultat ?

....

....

....

Considérez maintenant, de façon responsable, ce que cela vous fait vivre ; que pourriez-vous faire, sans prendre du pouvoir sur l'autre, pour améliorer votre vie amoureuse ?

....

....

....

Cas vécu

Ghyslain était en couple avec Isabelle depuis huit ans ; ils avaient deux enfants en bas âge. La relation amoureuse avait bien débuté, mais était aujourd'hui plus difficile : Ghyslain, de nature pacifique et conciliante, me disait qu'il avait trouvé ça difficile lorsqu'il avait découvert à quel point Isabelle pouvait se mettre en colère. Il l'aimait beaucoup, et tenait à leur famille, mais voulait la quitter à cause de cela. Il ne l'avait pas imaginée comme cela au début. Il n'acceptait pas cela d'elle et voulait que ça change. Lorsqu'il me disait qu'il voulait que ça change, cela signifiait qu'il voulait qu'elle change. Qu'elle devienne moins colérique, moins agressive et surtout moins accusatrice et dénigrante. Ce sur quoi il avait peu de pouvoir, car tout ce qu'il voulait changer concernait Isabelle, et non pas lui. Il avait bien tenté de se montrer calme et sage, dans l'espoir qu'elle ait un exemple à suivre. Il avait tenté de la quitter, il lui avait parlé d'autres couples en la comparant, et enfin, il en était venu à s'éloigner d'elle chaque fois qu'elle levait le ton. Rien n'y fit, elle ne changea pas, et surtout, Ghyslain continua à être très mal avec la colère d'Isabelle. Lorsqu'il cessa de vouloir la changer, il prit conscience qu'il avait peur du conflit. De plus, devant la colère, il s'écrasait, se victimisait et il se sentait inférieur. Enfin, chaque fois, il avait peur que cela mène à une séparation. C'est pourquoi il se taisait. Mais il a vu à quel point plus il se taisait, plus il avait peur, et plus il se sentait victime et inférieur. C'est alors qu'il comprit que la solution était de sortir de son rôle de victime, d'être sensible à la colère d'Isabelle, mais en même temps, de mettre ses limites au sujet des jugements et des critiques agressives qu'elle formulait lorsqu'elle était en colère. Pour ensuite s'exprimer sur ses propres malaises. Faire face, non seulement à Isabelle, mais à sa propre peur de la colère et à son sentiment d'infériorité. C'est ce qu'il entreprit de faire. La démarche s'échelonna sur plusieurs semaines. Son défi était de faire face à la réelle personnalité d'Isabelle et à ses propres peurs, plutôt que d'attendre qu'Isabelle change et devienne la femme tant rêvée qu'il avait cru connaître au départ[3].

Lorsqu'on reste dans l'idéalisation de la vie de couple et de l'autre, on donne tout le pouvoir à ce qui est extérieur à notre vie de couple. On se bat contre nos peurs liées à la réalité. On délaisse ce que l'on veut que soit notre couple, et on laisse la vie s'en occuper plutôt que de la prendre en main.

3 Concernant la colère, je vous recommande la lecture de l'ouvrage *La colère, cette émotion mal aimée*, de Serge et Carolle Vidal-Graf, aux Éditions Jouvence, Paris, 2007.

IMPACTS POSITIFS DE L'ABSENCE D'IDÉALISATION

Un couple fort, c'est un couple dont la relation est basée sur la réalité de la vie à deux et non pas sur l'idéalisation du couple.

Tout ce que je présente dans ce livre est bien beau, et certains pourront même qualifier cela d'idyllique et de « pas réaliste ». Mais au contraire, la réussite dépend de la capacité de chacun à considérer la réalité et non pas de s'illusionner.

En fait, le plus gros impact positif de l'absence d'idéalisation, c'est *d'avoir du pouvoir* sur ce qui ne va pas. Les problèmes sont réels, et les solutions aussi. Comme on dit, lorsque l'on n'est pas réaliste, « la *balloune* va un jour éclater », c'est-à-dire que la réalité va nous rattraper.

La réalité est solide et l'idéalisation est fragile.

Vivre dans l'idéalisation, c'est comme marcher sur des sables mouvants. Dans la réalité, il y a moins d'attentes, donc moins de frustrations et de conflits. On voit l'autre tel qu'il est, et l'engagement est plus solide. Sinon, chaque fois que l'on est déçu à cause de la différence entre notre image idéalisée et notre image réelle, le couple sera remis en question. Il sera en danger.

Les impacts positifs de la non-idéalisation : les problèmes sont réels, et les solutions aussi. L'engagement est plus solide.

Pour la famille, c'est un meilleur sentiment de sécurité, car la famille est moins ébranlée par les vagues de la réalité. Les enfants apprennent justement à voir la vie et les gens de façon réaliste. C'est aussi apprendre à envisager des solutions. Puisque, dans la réalité, il existe toujours des solutions. Dans un imaginaire défensif, ces solutions n'existent pas. Il n'y a que des déceptions et des difficultés à s'ajuster aux événements de la vie. Bien sûr, les enfants apprendront aussi à voir la vie de couple de façon réaliste, et non avec cynisme, qui est l'inverse de l'idéalisation : quand on a longtemps idéalisé quelqu'un, on devient cynique à son endroit, par déception et par amertume, et parce qu'on ne s'en est jamais responsabilisé.

LES BLESSURES

Un couple fort favorise la transformation positive des blessures.

Tout le monde a un passé, et dans ce passé, des événements ont laissé des traces positives, mais aussi des blessures, ainsi que la peur de souffrir encore. Peut-être, lorsque vous étiez enfant, vous a-t-on toujours encouragé à vous dépasser, de sorte qu'aujourd'hui, vous avez confiance en vous, et vous savez faire face à la peur de ne pas être à la hauteur. Voilà une trace positive. Peut-être avez-vous beaucoup souffert de voir vos parents se faire du mal lors de leurs conflits. Ça vous a tellement fait mal, que vous croyez depuis qu'un couple, c'est juste de la souffrance. Puis, à la suite de cela, vous avez pris la décision – plus ou moins consciemment – de ne jamais vous engager complètement. Aussi, au moindre signe de conflit, remettez-vous la relation en question si vous ne quittez pas tout simplement votre conjoint.

Derrière cette remise en question et ce départ, c'est la peur de souffrir qui vous mène, et non votre besoin de construire une vie de couple saine. C'est votre peur de ressentir cette souffrance si désagréable que vous ressentiez quand vos parents vivaient un conflit. Il vous sera ainsi très difficile de faire face aux conflits dans votre propre relation.

Pour transformer cette blessure, il faudra apprendre à faire face aux conflits qui font inévitablement partie de la vie de couple. Le conflit peut même devenir une étape du processus de communication ; on se rapproche, notre couple se renforce, plutôt que de s'éloigner dans la fuite. Ce qui aura comme impact positif de vous rassurer réellement, et de transformer votre expérience douloureuse passée.

Cela peut se répéter ainsi pour plusieurs blessures, que ce soit concernant l'humiliation, le rejet, l'insécurité, l'abandon, la culpabilité, etc.

Lorsque je parle de transformer une blessure, je ne parle pas de la faire disparaître à jamais. Une blessure, à la suite d'une expérience souffrante passée, laisse une cicatrice ; nous sommes donc plus sensibles. Mais plutôt que de la rouvrir, on peut en prendre soin, et elle devient de moins en moins sensible. Et surtout, notre souffrance diminue, ce qui laisse place à une attitude moins défensive et plus satisfaisante. Plutôt que de fuir, lorsque je me sens inférieur et lorsque j'ai peur du conflit, je me donne de l'importance, en m'exprimant autrement qu'en tant que victime, par exemple.

Cas vécu

Virginie est reconnue comme étant une très belle femme. Elle a été éduquée dans un milieu très exigeant en ce qui a trait à l'apparence physique des femmes. Sa mère lui « renotait » ses imperfections physiques, et les garçons de la maison, qui ont grandi dans le même moule, passaient régulièrement des commentaires désobligeants sur les femmes qui n'avaient pas un corps parfait. Virginie a fini par croire qu'elle était laide. Qu'elle n'était jamais assez bien arrangée, coiffée ou habillée, et elle entretenait ainsi la croyance que son conjoint allait tôt ou tard la quitter pour une « plus belle ». Ce qui la faisait énormément souffrir. Pour se calmer, elle consacrait beaucoup de temps à son corps : elle s'entraînait et dépensait des sommes astronomiques pour être plus belle. Cela la calmait temporairement, et elle restait très vulnérable à la comparaison, et aux commentaires de son conjoint. Mais elle ne lui avait jamais parlé ouvertement de ses blessures, de ses peurs et de ses besoins. Certes, son conjoint était bien conscient, à force de l'entendre passer des commentaires dénigrants sur elle-même et sur les autres femmes, qu'elle avait cette sensibilité. Mais il évitait d'en parler – c'était davantage un sujet de conflit que de rapprochement – jusqu'à ce que Virginie apprenne à parler avec sensibilité de cette souffrance, plutôt qu'en se dénigrant. À ce moment, lorsqu'elle parlait de sa souffrance plutôt que de se dénigrer, l'attitude de Bernard, qui avait une envie pressante de la rassurer, a changé. Il est lui aussi devenu plus sensible à elle. Il n'avait pas envie de se défendre en lui répétant sans cesse qu'elle était belle, pour faire en sorte qu'elle cesse d'avoir mal. Ce qu'il n'avait pas le pouvoir de faire, car cela ne la calmait pas, au contraire : plus il lui répétait qu'il la trouvait belle, plus elle avait l'impression qu'il n'entendait pas qu'elle souffrait. Elle avait l'impression alors qu'elle se plaignait pour rien. Depuis qu'il avait pris conscience jusqu'à qu'elle point elle souffrait, il avait juste envie de l'écouter lui parler de ce qui lui faisait mal. Cela lui faisait de la peine de voir Virginie souffrir et c'est ce qu'il avait envie de partager maintenant avec elle, plutôt que de lui répéter qu'elle était belle, ce qui les rapprocha.

Cette discussion eut encore lieu, malgré la peur de Virginie de déranger son conjoint. Il accepta de l'écouter encore, ce qui les rapprocha davantage, et calma la souffrance de Virginie. Cela amena même son conjoint à vouloir lui parler de ce dont lui souffrait dans sa vie. Il avait envie lui aussi de se faire du bien.

Il serait intéressant de vous arrêter et de vous poser les questions suivantes.

- Quelle est la blessure à laquelle vous devez faire face dans votre relation amoureuse ?
- Qu'est-ce qui rouvre cette blessure ?
- Qu'est-ce qui vous ferait du bien ?
- Êtes-vous capable de le faire sans vous défendre, c'est-à-dire de façon sensible, avec l'autre ?
- Quand, et comment allez-vous le faire ?

Si vous identifiez plus d'une blessure, recommencez le questionnaire avec ces autres blessures.

La relation contribue ainsi à guérir les blessures ; elle les soigne, les transforme, comme le montre l'exemple de Virginie, plutôt que de les rouvrir et de faire souffrir la personne.

Il en est de même pour toutes nos blessures ou toutes nos zones sensibles. Elles seront inévitablement rouvertes dans nos relations amoureuses, puisque c'est *en fonction de ce que nous sommes* que nous construisons cette relation. *Ce que nous sommes* suivra, et se révélera au grand jour. Si je suis une personne qui vit de l'insécurité financière, conséquence d'expériences de mon passé bien précises, je peux soit devenir contrôlant, soit chercher la collaboration de ma conjointe ou de mon conjoint, et ainsi me sécuriser et transformer cette zone sensible.

Apprendre à prendre soin des blessures de l'autre est un apprentissage qui se fait, et qui fortifie le couple.

IMPACTS DE LA TRANSFORMATION POSITIVE DES BLESSURES

On commence tous une relation avec notre histoire ; elle est parsemée d'expériences parfois agréables, parfois désagréables. Elles laissent, nous l'avons vu, des « zones sensibles ».

Grâce à la communication intime et responsable, les partenaires peuvent partager ensemble ce vécu qui les rend vulnérables, mais aussi privilégiés. Ce qui les sensibilise l'un à l'autre et les rapproche.

Un couple fort est un couple dans lequel les partenaires n'utiliseront pas les informations privilégiées qu'ils détiennent sur le vécu de l'autre pour le blesser ; il fera plutôt attention à l'autre, en étant sensible à ses blessures, et en n'attaquant avec des paroles et des actes blessants ; le conjoint posera des gestes qui soigneront les zones blessées de l'autre, sans nécessairement les faire disparaître. On parle ici, rappelons-nous, de blessures liées au rejet, à l'insécurité, à l'infériorité, à la violence, à la peur, à l'abandon, à l'humiliation, à la non-reconnaissance, etc.

Donc, les impacts positifs sur les partenaires et la famille d'un couple qui agit de la sorte, sont encore une fois de l'ordre de l'amour. Car être en présence d'une personne à qui je me confie, ça nourrit l'amour. Et si, en plus, cette personne prend soin de mes zones sensibles, sans pour autant se nier et me prendre en charge, des liens très forts d'amour et d'attachement se tissent.

Le second impact concerne l'évolution grandissante du bonheur individuel ; chacun devient de moins en moins envahi par ses souffrances, donc de plus en plus heureux.

Le troisième impact : l'accès à une plus grande créativité pour faire sa vie. Lorsqu'on est pris par nos blessures, souvent, on ne voit plus clair, on est découragé, on a moins confiance en soi, on est davantage sur la défensive, ce qui nous prive de notre potentiel créateur. Donc, une vie qui favorise la guérison des blessures fait que nous sommes plus créatifs pour organiser notre vie en fonction de nos besoins, de nos talents et de notre capacité à nous affirmer.

Le quatrième impact est simple, mais en même temps si important. C'est de devenir, avec le temps, une personne en paix avec elle-même, moins tourmentée par ses zones blessées, et surtout moins sur la défensive.

Un autre impact est la confiance que l'un a envers l'autre. Chacun saura que l'autre ne cherche pas à le faire souffrir, à le blesser ou à le trahir. Ensemble, ils se sentent en sécurité. Dans ce contexte, le temps qui passe est un allié qui transforme les zones sensibles de chacun de façon positive.

Les impacts positifs sur les partenaires et la famille d'un couple qui prend soin des blessures l'un de l'autre, sont l'amour, l'évolution grandissante du bonheur individuel de chacun, une plus grande capacité à créer sa vie, à devenir une personne de plus en plus en paix avec elle-même, une augmentation de la confiance de l'un envers l'autre, et la sécurité que procure la présence de l'autre.

Dans la famille, chacun est en sécurité et chacun se sent en confiance. Les enfants développent une grande confiance et une grande capacité d'aimer, liée à cette intimité. Et eux-mêmes sauront *prendre soin* de leurs propres zones sensibles, et éventuellement de celles des personnes qu'ils aiment.

LA RESPONSABILITÉ

Un couple fort, c'est un couple où chacun a le souci et la capacité de se responsabiliser.

Cette caractéristique est placée ici en avant-dernier, mais son rang n'indique pas son importance. Car sans responsabilité, la possibilité d'être heureux dans le couple est quasiment nulle. Le couple peut exister, mais le bonheur, lui, en est absent. La relation donnera lieu à une lutte de pouvoir incessante, où chacun se désinvestira pour éviter la communication défensive, les conflits et la souffrance. En plus d'être l'une des qualités importantes pour la réussite de sa propre vie, la responsabilité est l'une des caractéristiques les plus essentielles à la bonne santé des relations. Il s'agit de chercher en soi l'origine de ses difficultés et de travailler sur ces points pour les améliorer et améliorer sa vie.

La responsabilité demeure, à ce titre, l'une des qualités les plus difficiles à acquérir et à conserver. En temps de conflit, souvent, la première chose qui est mise de côté, c'est notre propre responsabilité. Et je ne m'exclus pas dans cela ! Ce qui envenime énormément les conflits.

La responsabilité, en fait, est la capacité d'un individu à porter son regard sur lui, et à parler au « je », dans le but d'arrêter d'accuser l'autre des difficultés qu'il rencontre dans sa vie. Et cela dans le but de créer l'intimité nécessaire pour nourrir la relation de façon satisfaisante, et dans le but de se rapprocher l'un de l'autre et d'être sensible à l'autre. C'est également dans le but de cesser ces incessantes luttes de pouvoir et d'avoir du pouvoir sur sa vie, plutôt que d'en prendre sur l'autre.

Comme le dit si bien madame Portelance dans son livre *Aimer sans perdre sa liberté*, être responsable sur le plan affectif, « c'est assumer entièrement les conséquences de ses actes, de ses paroles, de ses silences, de ses gestes et de ses choix. C'est chercher en soi-même plutôt qu'en l'autre la source de nos souffrances et de nos joies, de nos problèmes et de leurs solutions, de nos échecs et de nos réussites ». Elle continue aussi en affirmant que « [...] la responsabilité relationnelle c'est de travailler à se transformer plutôt que d'essayer de transformer l'autre, devant les malaises et inconforts auxquels nous sommes confrontés en relation avec l'autre ». Elle termine en écrivant que la responsabilité c'est aussi dans l'autre sens, c'est-à-dire, « [...] ne pas laisser l'autre nous rendre responsable de ses malaises. »

L'acceptation, c'est faire la paix avec soi-même ; la responsabilité, c'est faire la paix avec le monde extérieur.

Je conclus en disant que la responsabilité, c'est faire la paix avec le monde extérieur, en apprenant à parler de soi, à partir de la connaissance approfondie que l'on a de soi et de la capacité à considérer ce qui part de soi dans la relation.

Cas vécu

On peut dire que Paule et Grégoire se parlent beaucoup. Par contre, ils ont dû apprendre à être responsables dans leur façon de communiquer, car les accusations et les critiques fusaient de toute part quand ils se parlaient. Ils ont commencé à appliquer la communication au « je », à parler d'eux-mêmes plutôt que de l'autre. Ils ont appris à dire « Ça m'inquiète lorsque tu sors avec tes amies, j'ai peur que tu aies une aventure », plutôt que « Vous avez l'air d'une gang d'adolescentes en chaleur ! » Ils ont appris à dire « Je suis inquiet financièrement en ce moment, et j'ai besoin de ton support pour que l'on applique un budget », plutôt qu'« As-tu fini de dépenser, espèce d'irresponsable ! » Ils ont appris à dire, « J'entends ton point de vue différent du mien concernant l'éducation de notre enfant, et je vais y réfléchir », plutôt que « Qu'est-ce que tu connais, toi, à l'éducation des enfants ? Laisse-moi donc faire et mêle-toi de ce que tu connais ! » Et encore plus. Autrement, c'est la guerre et l'usure de l'amour. C'est ce qu'ils ont appris à faire, et par ce changement, ils ont pu bénéficier des douceurs de la communication responsable.

IMPACTS POSITIFS DE LA PRISE DE RESPONSABILITÉ

Un couple fort, c'est un couple où chacun a le souci et la capacité de se responsabiliser.

La responsabilité est la clé de la réussite de la communication. C'est la possibilité de solidifier la relation et de prendre en charge ses besoins. Sans cette qualité, la communication devient un champ de bataille et non pas un lieu de rencontre et d'amour. Sans cette qualité, la relation s'use et s'effrite, plutôt que de se cimenter. Sans cette qualité, les partenaires s'accusent mutuellement, attendent de l'autre qu'il s'excuse et le rendent responsable de leur bonheur ou de leur malheur.

Le premier impact positif sur les partenaires et la famille, c'est la reconnaissance de ce que chacun est en tant qu'individu, autant en ce qui concerne ses forces que ses difficultés (car la responsabilité nécessite une connaissance approfondie de soi), ce qui nous empêche de responsabiliser l'autre pour ce que nous sommes.

Le deuxième impact positif, c'est, pour chacun des partenaires, la prise en charge de ses propres besoins. Le pouvoir sur soi plutôt que sur l'autre. Le troisième impact, c'est sortir de l'attente ; le quatrième, mettre fin aux conflits. Le cinquième impact, c'est une meilleure affirmation de soi, non défensive et valorisante. Le sixième, c'est la garantie de l'évolution personnelle de chacun, du couple et de la famille, sur tous les plans.

Les derniers impacts positifs sont les meilleurs sentiments amoureux et une plus grande sécurité affective. On sait que l'autre ne tentera pas de nous responsabiliser de ses difficultés.

Les impacts positifs sont la reconnaissance de ce que chacun est comme personne, la prise en charge de ses propres besoins, sortir de l'attente, l'augmentation de l'affirmation, la garantie d'évolution personnelle de chacun, du couple et de la famille à tous les niveaux, nourrir les sentiments amoureux et de sécurité.

La responsabilité psychologique et affective est une barrière contre la violence envers les membres plus vulnérables de la famille que sont les enfants et les vieillards. C'est un apprentissage de pouvoir sur sa vie pour les enfants et leur avenir. C'est l'ingrédient complémentaire à l'amour, à une éducation solide et propulsante, qui doit être composée à la base de cette dialectique de l'amour versus l'encadrement.

LE SOUCI DE PLAIRE

Un couple fort, c'est un couple où chacun des partenaires continue à faire attention à son apparence, où les deux partenaires ont le souci de plaire physiquement à l'autre.

On constate souvent qu'avec l'engagement survient un phénomène qui semble naturellement accepté, mais qui est unanimement dénoncé. « Avant, il faisait attention à son apparence ; maintenant, il se laisse aller, il se lave moins souvent, et il ne sent pas toujours bon. Et je n'aime pas ça. » « Avant, elle se mettait belle pour me plaire, et maintenant, on dirait qu'elle ne porte plus attention à son apparence, sauf lorsqu'on a des sorties avec d'autres. »

Le besoin de plaire à l'autre physiquement doit demeurer une préoccupation dans la relation : « Je ne te tiens pas pour acquis. » C'est l'une des dimensions qui favorise la relation et la garde en vie. Cela favorise la séduction dans la relation, augmente et maintient le désir sexuel.

Il arrive toutefois que ce soit là le but visé : éviter de déclencher du désir chez l'autre. À ce moment-là, il serait important de faire une thérapie individuelle et de couple pour parler ouvertement de ce qui se passe dans la relation sur le plan de la sexualité, en lien avec les malaises de chacun, les peurs, et les différences, les besoins, les manques ou les non-dits. Car il est dommage de ne pas profiter de la relation et des plaisirs qui peuvent en découler.

Négliger la séduction dans la relation amoureuse fragilise le couple. De plus, dans ces conditions, il y a plus de risques que les partenaires veuillent satisfaire ce manque à l'extérieur de la relation.

Pour éviter de fragiliser la relation ainsi, je vous encourage fortement à en parler avec l'autre. Si cela vous paraît impossible, parlez d'abord à un thérapeute de vos peurs et de vos besoins, pour vous préparer à avoir ce genre de conversation avec votre partenaire. Car il est important d'exprimer à l'autre le besoin que vous avez qu'il vous plaise, qu'il ou elle fasse attention à son apparence. Cela peut devenir aisément un projet commun. C'est-à-dire de se garder en bonne condition physique, de se parler de ce que chacun aime que l'autre porte, et comment on aime qu'il ou elle se coiffe. Pourquoi attendre de se quitter pour commencer à faire attention à son apparence ? Pour d'autres partenaires ? Pourquoi ne pas s'en soucier tout de suite, car de toute façon, cette situation risque de se répéter avec le prochain partenaire si vous ne réglez pas ce problème.

Rester belle, rester beau, non pas pour correspondre aux critères extérieurs de beauté, mais pour se trouver beau, belle ; prendre soin de son apparence, de sa santé, c'est du même coup nourrir son estime de soi. De plus, voir que l'on peut plaire à d'autres personnes, en dehors de notre couple, garde la relation vivante. Cela nous conforte dans notre choix. Je le répète, pourquoi donc se priver de cela et le faire seulement lorsque l'on est célibataire ?

On change des attitudes telles que celles que j'ai énoncées ci-haut, pas pour bien faire les choses ou pour être *correct*, car il s'agit d'une motivation insuffisante. On ajoute de nouvelles pratiques dans sa vie et on fait des changements pour bénéficier des impacts positifs que ces changements apportent dans notre vie.

Cas vécu

Pour Martin, plaire à sa blonde physiquement – et qu'elle lui plaise – faisait partie de sa façon d'être. Il restait fier de son apparence, même en couple, et non pas seulement lorsqu'il était célibataire. Cela faisait partie de son éducation et il lui était inconcevable qu'ils ne se soucient pas de leur apparence respective. Par contre, pour Ginette, il en allait autrement. Une fois que l'un et l'autre s'étaient engagés et que l'un et l'autre étaient en sécurité sur le plan émotionnel, elle ne voyait pas pourquoi elle se soucierait de prendre soin de son apparence pour plaire à Martin*. Elle trouvait que c'était une tâche lourde. En même temps, elle constatait que sa fierté et son désir sexuel diminuaient. Elle accepta donc de tenir compte de ce que* Martin *proposait à ce sujet et de faire attention à son apparence physique ; elle décida de se mettre belle et de tenir compte des commentaires de* Martin*. Elle fit de même, c'est-à-dire qu'elle prit le temps de dire à* Martin *ce qui lui plaisait dans sa façon de s'habiller et passa également des commentaires sur les odeurs qu'il dégageait. Ce qui eut pour effet d'entretenir leur fierté mutuelle ; ils se désirèrent davantage à force de tenter de se séduire.*

IMPACTS POSITIFS DU SOUCI DE PLAIRE

Un couple fort, c'est un couple où chacun continue de faire attention à son apparence, où les deux partenaires ont le souci de plaire physiquement à l'autre.

Les impacts positifs sont tout d'abord de nourrir l'estime de soi de chacun et sa fierté, puis de conserver de la séduction dans le couple, de la passion et du désir. Cela favorise de continuer à se choisir, de ne pas se tenir pour acquis l'un et l'autre, et de susciter le désir de sans cesse reconquérir l'autre.

En guise de conclusion pour ce chapitre, je vous propose aussi de vous rappeler cette simple parole, si vraie : **la vie à deux c'est mieux**. C'est mieux pour faire face aux difficultés, pour l'éducation des enfants, pour les tâches ménagères et l'entretien extérieur, pour se réchauffer, pour relever des défis, bien sûr, mais aussi et surtout pour s'épanouir en tant qu'être humain, pour réaliser son plein potentiel, pour s'aimer et partager de belles émotions… Et que sais-je encore ! Je vous encourage à trouver des avantages à votre tour : qu'est-ce qui, dans votre vie, est mieux à deux ? Il y a la notion d'équipe et celle de support, en plus de l'amour, et de la capacité et du désir d'être complice.

Chapitre 3

La formule gagnante du couple fort

La formule gagnante du couple fort se définit ainsi : c'est l'art de conserver une distance psychologique saine entre les deux partenaires, en raison de leur personnalité distincte. L'affirmation des différences et l'expression des non-dits demeurent importants, en plus de l'expression de la vérité intérieure de chacun. Cela, à l'intérieur d'un espace de sécurité affective entourant les partenaires, par l'engagement, le choix et la communication, tout en initiant des rencontres intimes et ponctuelles afin de garder l'amour vivant, et de maintenir une vie personnelle et sociale indépendante qui gravite autour des partenaires.

La formule gagnante du couple fort

1 distance psychologique saine
2 deux partenaires
3 espace de sécurité affective
4 rencontres intimes
5 vie personnelle et sociale

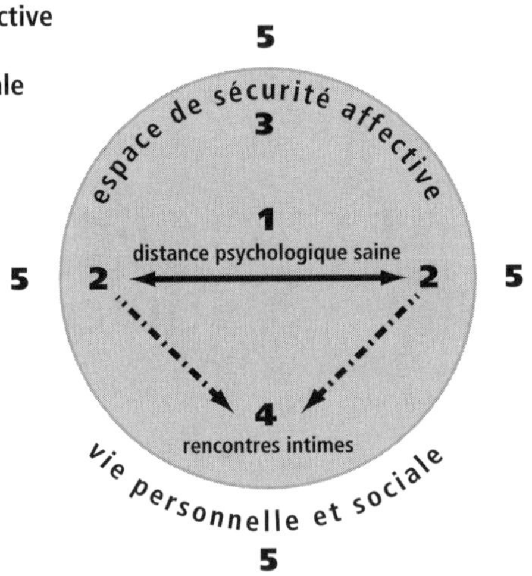

À la suite de l'élaboration de cette formule gagnante du couple fort, une réflexion m'est venue : ce sont les préjugés défavorables à l'endroit de la vie de couple et de l'amour qui nuisent à l'investissement au sein du couple et qui nous empêchent de jouir de ses bienfaits.

C'est ce que j'aborde dans le chapitre suivant.

Chapitre 4

Mise au point concernant l'amour et l'engagement, la dépendance affective, le quotidien et la passion

Il y a plusieurs préjugés concernant l'amour, la vie amoureuse et l'engagement. En voici quelques-uns que j'ai entendus ou que j'ai moi-même entretenus. « Croire à l'amour, c'est dépassé, c'est vieux jeu, c'est pour les naïfs et c'est *téteux*. » « La vie de couple, c'est pour les perdants, les faibles, pour ceux qui manquent de caractère et pour les dépendants. » « Les personnes fortes choisissent l'indépendance, l'aventure et la liberté ; avec l'engagement, on renonce à sa liberté. » « La vie amoureuse et l'engagement, c'est mortel et ennuyeux, on ne peut plus faire ce que l'on veut lorsqu'on est en couple. »

Il s'agit de visions négatives et de croyances qui influencent, d'une façon souvent inconsciente, notre rapport à l'amour et à la vie amoureuse, et qui nourrissent toutes sortes de peurs ; elles sont à l'origine de bien des façons d'agir qui sont nuisibles à la réussite de la vie de couple. En fin de compte, elles ont parfois une telle importance qu'elles surpassent notre besoin de réussir notre vie amoureuse.

LA DÉPENDANCE AFFECTIVE

Quand je pense à la dépendance affective, je me rappelle ce qui m'est arrivé, alors que je faisais une tournée de conférences sur le thème *Aimer sans perdre sa liberté*, inspirées du livre de Colette Portelance qui porte le même titre. À la fin de mon allocution, un participant est venu me voir pour me dire qu'à son avis, j'étais un *dépendant affectif*, parce que – je l'avais évoqué durant ma conférence – je n'avais pas quitté ma conjointe à la suite des difficultés qu'elle et moi avions rencontrées, en lien avec nos différences.

Il m'arrive aussi très fréquemment d'entendre, dans mon bureau et lors de sessions de formation que j'anime, des participants exprimer leur inquiétude d'être dépendant affectif. C'est souvent avec mépris que ce terme est utilisé, et même avec beaucoup de peur. Il ne faudrait surtout pas être *dépendant affectif* !

Si être dépendant affectif, c'est être bouleversé lorsque notre relation amoureuse est en péril, si c'est avoir à ce moment des réactions émotives intenses et diverses de colère ou de peine, si c'est avoir un nœud au ventre lorsqu'il y a un risque de perdre l'être aimé, si c'est avoir l'appétit et le sommeil bouleversés en période d'insécurité affective, alors, oui ! Je suis dépendant affectif.

Lorsque je pense à cette peur – être dépendant affectif – concernant la relation amoureuse, je me souviens d'une émission de télévision au cours de laquelle un psychologue disait que « les relations amoureuses sont tellement importantes, que c'est le pain et le beurre des psychologues ! » C'est la raison principale pour laquelle les gens vont consulter. On peut même dire que plusieurs maux et souffrances, une fois approfondis, nous ramènent à ce que l'on vit dans cette dimension si importante de notre vie. Et j'y inclurais toutes formes de relation d'aide : prêtres, médecins, psychiatres, etc.

La relation amoureuse est souvent au cœur du bonheur ou de la souffrance de l'être humain. Donc, effectivement, si être dépendant affectif, c'est être bouleversé lorsque notre relation amoureuse est en péril, si c'est avoir à ce moment des réactions émotives d'intensité diverse, soit de colère ou de peine, si c'est avoir un nœud au ventre lorsqu'il y a un risque de perdre l'être aimé, si l'appétit et le sommeil sont atteints en période d'insécurité affective, alors, oui ! Je suis dépendant affectif, et plusieurs personnes le sont.

Dépendant affectif, ça veut dire que notre bonheur dépend du bon fonctionnement de cette dimension. Bien sûr que nous sommes tous dépendants de cela.

Est-ce que cela nous empêche de nous réaliser ? Non ! Est-ce que ce bouleversement peut nous amener à faire des efforts afin de réussir notre vie amoureuse ? C'est le but, oui !

C'est justement parce qu'une chose nous fait souffrir que l'on doit s'en occuper, afin de guérir lentement et d'atteindre le bonheur.

En fait, je tiens à faire cette mise au point concernant la dépendance affective, car l'expression est galvaudée, décriée comme étant la pire chose qui puisse arriver au sein d'une relation. Pour ma part, je crois qu'en amour, oui, il y a une part de dépendance à l'autre. Plus l'autre gagne en importance, plus l'on est engagé, plus on est attaché à l'autre, et plus nous serons atteints et vulnérables si cette personne nous quitte ou meurt.

Je vous pose la question. En connaissez-vous des gens qui s'aiment et qui ne sont pas bouleversés par ce que j'ai nommé plus haut, lorsque la relation amoureuse est remise en question ? Est-ce un tort ? Faut-il éliminer ce sentiment d'interdépendance ? Alors, à ce moment, il faut carrément éviter l'amour, l'engagement et l'attachement. Ce que certaines personnes choisissent et tentent de faire, avec plus ou moins de succès. Souvent, une autre dépendance se développe, ou l'on s'endurcit sur le plan émotionnel. Cela fait partie du risque de l'engagement amoureux.

L'attachement est un sentiment profond, lié à nos besoins et à nos émotions. C'est à la suite d'un partage d'émotions, de moments tantôt agréables et tantôt souffrants, avec les êtres qui nous entourent, que l'attachement gagne en importance. C'est pourquoi lorsqu'on pense que l'on perdra notre conjoint, nous avons très mal. C'est comme si une partie de nous qui était arrachée pour laisser place à un vide douloureux qui nous effraie.

C'est pourquoi aussi on tentera, devant la peur de perdre l'autre, lorsqu'il y a attachement et amour, et ce, d'une façon positive, de s'ajuster à l'autre et aux exigences de la vie à deux. Pour éviter de souffrir, dans un premier temps, et pour retrouver l'état de félicité que l'on ressent en amour et en état de sécurité affective. C'est-à-dire l'état dans lequel la relation importante redevient stable et sécurisante.

Le danger, avec cette peur d'être identifié en tant que dépendant affectif, c'est de tenter de se défendre contre ce *diagnostic* de toutes sortes de façons. En passant par la négation, la fuite, et l'irresponsabilité. Ce qui consiste à mettre toutes nos propres difficultés amoureuses sur le dos de l'autre. « C'est à cause de toi si je suis bouleversé ainsi », par exemple. Pendant ce temps, nous ne prenons pas en main nos besoins amoureux. Si nous sommes bouleversés, ce n'est pas seulement en raison de l'autre, mais c'est aussi et surtout parce que nous ne prenons pas soin de nous-mêmes, pas soin de la relation ou simplement pas soin de l'autre. C'est la cause de notre souffrance. Si l'on cherche seulement à démontrer que nous ne sommes pas dépendants affectifs, l'on risque de se perdre notre temps et de passer à côté de la possibilité de réussir notre relation amoureuse. Pourquoi ne pas le reconnaître tout de suite : « J'ai besoin de toi, tu fais partie de ce qui me rend heureux, mais aussi, par moment, malheureux, lorsque ça ne va plus entre nous. »

Lorsqu'il y a amour et attachement, il y aura toujours une forme de dépendance affective à l'autre.

Oui, lorsqu'il y a de l'amour et attachement, il y aura toujours une forme de dépendance affective à l'autre, d'inter-dépendance. L'idée est d'éviter la dépendance affective négative trop prononcée. Il y a une limite à se mettre de côté. Il y a une limite à faire des compromis par peur de perdre l'autre. C'est-à-dire lorsque les compromis sont synonymes de non-respect de soi. C'est-à-dire lorsque nos choix, faits en fonction de ne pas perdre l'autre, deviennent néfastes pour notre santé. Dans ce cas, la relation amoureuse ne doit plus être le sujet du travail thérapeutique, mais plutôt la valeur que l'on ne s'accorde pas. Cette perte de respect de soi devient l'occasion d'un pas de plus vers la connaissance de soi afin d'entretenir une relation plus saine avec l'autre et avec les autres.

LE QUOTIDIEN

Il y a une fausse croyance, très répandue en fait, qui dit que le quotidien tue la vie de couple. Qui dit aussi que le quotidien est caractérisé par la routine, qui tue l'amour. Je trouve qu'il est important de se questionner à propos de cette idée : est-ce bien le quotidien qui tue le couple, qui tue l'amour ? Ou n'est-ce pas plutôt un ingrédient du quotidien, les non-dits, par exemple ? Ou encore, est-ce le besoin de sécurité versus le besoin de liberté non satisfait au quotidien ?

En fait, nous cherchons à nous engager pour nous sécuriser, et parce qu'on aime l'autre. Ce qui est un besoin affectif essentiel au bon fonctionnement de tout être humain. Puis, en raison de cette recherche de sécurité, on s'engage de plus en plus. Ce qui amène, avec le temps, un quotidien, une routine et des activités ritualisées : le lever, le coucher, les repas, les soirées de télévision ou les soupers avec des amis... Cet engagement, par amour et sécurité affective, mène aux questions suivantes : « Est-ce qu'on se revoit demain ? » « Est-ce qu'on emménage ensemble ? » « Est-ce qu'on a un chien, une maison, des enfants ensemble ? » On cherche ainsi une forme de fusion par l'engagement. C'est pourquoi plus le temps passe, plus on partage d'activités quotidiennes ensemble. Et par le fait même, de plus en plus de responsabilités. Ce qui est à la fois palpitant et sécurisant, et nourrit l'amour. Avec le temps, à d'autres moments, c'est perçu comme un manque de liberté, de l'ennui ou une sorte d'étouffement.

Le quotidien est essentiel à la bonne santé de la vie de couple, et les rituels qui le caractérisent aussi. Ce qui tue la vie de couple au cœur du quotidien, c'est le manque d'autonomie, la négation des différences et les non-dits.

La vie au quotidien est essentielle à la bonne santé de la vie de couple. Ce partage sécurise les partenaires et nourrit le sentiment amoureux. Les rituels constituent ce quotidien aussi.

Ce qui tue la vie de couple au quotidien, c'est le manque d'autonomie, la négation des différences et les non-dits. C'est le besoin de sécurité versus le besoin de liberté qui est difficile à gérer, dans la vie quotidienne, pour chacun des partenaires. C'est-à-dire que l'on cherche la sécurité dans l'engagement, et par peur de nuire à notre sécurité, on met de côté, avec le temps, notre autonomie et nos différences. Et l'on cesse de se parler de ce qui est menaçant. On étouffe ainsi le feu de l'amour. On perd en fait, encore une fois, notre sentiment de liberté.

C'est pourquoi dans le but de se sécuriser, on demande à l'autre de penser comme nous, d'aimer les mêmes choses que nous. Ou l'on se le demande à soi-même. En même temps, toujours dans le but conscient ou inconscient de se sécuriser, on tente d'éliminer nos différences. Puisque souvent, les différences insécurisent les partenaires. Pourtant, les différences de l'autre nous ont pourtant attirés ! C'est pourquoi une bonne sortie avec les amis, une activité en dehors de la relation ou une « bonne discussion » sur nos insatisfactions a tôt fait d'oxygéner la relation et de rendre les partenaires plus libres. Mais en même temps, cela ébranle notre besoin de sécurité, c'est pourquoi chacun des partenaires doit apprendre à tolérer un certain niveau d'insécurité sur le plan relationnel, pour garder l'amour vivant au quotidien.

C'est tout un choix, chaque jour, de faire face à nos peurs pour exister ainsi avec l'autre, sans nuire à la relation. Et ce choix doit parfois être refait plusieurs fois par jour. « Je sors ou je ne sors pas ? » « Je dis ceci ou je ne dis pas cela ? » « J'exprime et j'assume ma différence ou je la nie ? »

C'est un choix à refaire, qui nous fait osciller entre le besoin de sécurité que procurent l'engagement, le quotidien et ses rituels, versus la recherche de sensations, de renouveau, de manque et d'intensité. Mais par contre, un couple trop sécurisé, où il y a trop de rituels, c'est l'ennui. C'est pourquoi, dans une relation trop ritualisée et ennuyeuse, il y en a un des deux qui, consciemment ou non, va provoquer quelque chose : un conflit, un bouleversement sur le plan de la sécurité pour briser l'ennui et provoquer l'autre dans ses manques. Pour refaire le choix d'être avec l'autre et pour choisir de nouveau l'amour de l'autre.

On a besoin de sécurité, mais on ne tolère pas l'ennui, que ce soit dans notre vie personnelle ou notre vie de couple. On cherche toujours à remplir le vide que crée l'ennui, quitte à provoquer quelque chose.

Au sujet du quotidien, il est important d'apprendre à faire la différence entre la peur de l'ennui et l'ennui lui-même. Il y a des moments où l'on doit apprendre à ne pas paniquer lorsqu'on ressent cette peur, pour se nourrir de la sécurité, de l'attachement, du quotidien et des rituels. Je pense aux soirées d'hiver, dans le salon, en haut ; nous sommes collés sur le divan ma blonde et moi et nous écoutons le hockey ensemble. Je ne m'ennuie pas. J'ai peur, par contre, que ma blonde s'ennuie, et je ne voudrais pas que toutes nos soirées ressemblent à celle-là. Mais il y a des soirs où c'est simplement bon. À d'autres moments, c'est l'ennui réel.

Et c'est le moment de proposer quelque chose. Sinon, ce quotidien commencera à nous insécuriser, puisque dans l'ennui, nous ne sommes pas heureux. Et c'est à ce moment que l'un des deux risque de provoquer quelque chose. Il vaut peut-être mieux prendre cela en main nous-mêmes, avant que la vie s'en charge ! Cela me rappelle les paroles de Jacques Languirand, qui disait vouvoyer sa femme, justement pour garder une certaine distance entre elle et lui. Peut-être était-ce leur façon de refuser la fusion, et d'entretenir l'amour et la passion dans leur vie quotidienne ?

Un conflit peut parfois créer une distance salutaire, qui permet de retrouver son individualité. C'est un exutoire pour les non-dits, ça brise l'ennui, et ça permet très souvent de se *rechoisir*. C'est pourquoi la formule de la réussite de la vie de couple comprend les éléments que j'énumère plus bas.

Maintenir un couple en santé, c'est l'art de conserver une distance psychologique par l'affirmation des différences de chacun des partenaires, et par l'expression des non-dits, à l'intérieur d'un cercle de sécurité affective entourant les partenaires du couple, par l'engagement, le choix et la communication, tout en initiant des rencontres intimes et ponctuelles pour maintenir l'amour vivant.

Je vous encourage à ne pas passer trop vite sur cette dernière phrase ; prenez le temps de la relire, afin qu'elle ait un sens et influence votre vie quotidienne.

En fait, maintenir sainement le couple heureux, c'est l'art de conserver une distance psychologique entre les partenaires, par l'affirmation des différences de chacun d'eux. Et par l'expression des non-dits, à l'intérieur d'un cercle de sécurité affective entourant les partenaires du couple.

Ce sentiment de sécurité est créé par l'engagement, le choix et la communication. Tout cela, en initiant des rencontres intimes pour maintenir vivants l'amour et la passion.

LA PASSION

J'aborde maintenant très brièvement, je le concède, le sujet de la passion. Il y a de nombreuses croyances au sujet de la passion, encore une fois. La plus fréquemment entendue et crue, c'est que la passion s'éteint avec les années. Ce qui sous-entend que l'on doit se contenter, avec résignation, des autres sentiments, tels l'affection, l'attachement et la sécurité. Et il s'agit souvent de prix de consolation.

On sous-entend aussi, de cette façon, que l'amour s'en va en même temps que la passion du début – si ce n'est pas l'amour, c'est l'intensité –, changeant la nature de la relation.

Ce n'est pas nécessairement cela qui doit se passer ! Je vous encourage très fortement à croire que la relation amoureuse de longue durée peut être vécue autrement que dans la résignation. Au contraire, la relation peut devenir bonne, intense, nourrissante et passionnante, même après plusieurs années de fréquentation.

Cela me fait penser à une discussion que j'ai eue sur la question, avec Pierre Langis, professeur et auteur du livre *Au cœur des relations intimes*. Il me partageait à quel point lui aussi, après plus de trente ans de vie commune, il vit toujours des moments passionnés avec sa femme. Nous échangions sur ces moments où l'on regarde nos conjointes, et que nous les trouvons belles et attirantes. Je lui partageais comment, par moments, lorsque je regarde Marie-Josée, j'ai des papillons dans mon ventre. Il m'exprimait aussi qu'il constatait, lorsqu'il enseignait, à quel point les jeunes ne croient pas à cela. Ils pensent que les années tuent l'amour et la passion, plutôt que de la nourrir.

Être en couple, ça peut-être facile, mais être heureux en couple,
c'est une quête qui nourrit la passion, à force de s'investir.
On finit par adorer et chérir notre œuvre de création.

Vous me croyez peut-être naïf ? C'est vrai ! Dans le monde du beau et du bon, ça prend une dose de naïveté et d'idéalisme pour croire à cette quête et s'y appliquer. Être en couple, ça peut-être facile, mais être heureux en couple, c'est une quête qui nourrit la passion à force de s'investir. On finit par adorer et chérir notre œuvre de création. C'est grâce aux caractéristiques que je vous ai présentées précédemment que vous pouvez améliorer votre couple, et apprendre ainsi à aimer l'autre encore plus.

D'abord, qu'est-ce que cette passion du début ? Qu'est-ce qui suscite cet élan, semblable à une montée d'adrénaline, tant recherchée ?

Voilà ce qui donne du goût à cette passion : l'autre n'est pas acquis. Il ne devrait jamais être acquis, nous ne devrions, en fait, jamais accepter d'être tenus pour acquis ! Voilà bien l'une des choses importantes que ma conjointe s'est toujours efforcée de considérer dans notre relation amoureuse. Garder l'amour vivant dans la relation de couple devrait être notre perpétuel Everest ! Jamais atteint ! Jamais certain ! Jamais acquis ! Toujours plus haut, plus loin et plus grand ! Et toujours nous s'investir dans cette quête de l'amour. Voilà où l'on peut trouver cette adrénaline, sans avoir à changer continuellement de partenaire.

Donc, je vous encourage à chercher la sécurité dans la relation, et en même temps, à être indépendant et à respecter votre différence. Je vous encourage à refaire le choix conscient d'être avec votre partenaire, et de demeurer exigeant envers la qualité de votre relation. Tout en cherchant à vous améliorer continuellement. Voilà d'où proviendront la passion et l'intensité de l'intimité, de l'amour, de la communication et de l'engagement. « Je t'aime, je te choisis, sans pour autant me nier. Je m'ajuste sans me perdre, je m'exprime au risque de te déplaire, et je reste là, malgré la discorde. »

On prend le temps de relire cette phrase :

« Je t'aime, je te choisis, sans pour autant me nier. Je m'ajuste sans me perdre, je m'exprime au risque de te déplaire et je reste là malgré la discorde. »

Voilà ce qui conclut cette partie. Il sera maintenant question de la famille.

Chapitre 5

Une famille divisée et ses conséquences

La famille, c'est un mot tellement connoté. Connoté d'émotions. Qui évoque parfois le regret, le manque et les blessures. Qui rappelle des souvenirs, des plaisirs et qui rend nostalgie. Avant tout, je vous suggère de prendre un temps d'arrêt pour ressentir en vous ce qu'évoque le mot *famille*.

Lorsque je m'y arrête, pour ma part, je ressens différents sentiments contradictoires. Je pense en premier lieu à ma famille d'origine, qui fut dans certains cas un modèle inspirant pour moi en ce qui concerne le sens du devoir et des responsabilités, en ce qui a trait à la fidélité et à l'engagement, et sur le plan du dépassement. Il s'agit aussi d'un modèle inspirant de plaisir et de moqueries. Par contre, dans d'autres cas, c'est un anti-modèle de communication et de nourriture affective tels que l'amour, la reconnaissance, l'encouragement et la sécurité.

C'est souvent la réalité familiale : des souvenirs inspirants et d'autres manquants, blessants parfois.

Il ne faut pourtant pas être complètement négatif. Il faut voir qu'en fait, c'est à partir de là, de ce que notre famille d'origine fut réellement, que l'on se construit et que l'on construit notre vie de famille. On imite ce que l'on a aimé, et on ajuste ce qui ne fut pas bénéfique pour nous. À chacun de choisir pour son avenir, et ce, de façon consciente plutôt qu'inconsciente. Il ne s'agit pas d'avoir une attitude défensive, ni d'idéaliser la famille ou de refouler de vieilles émotions.

On pense parfois à quel point on aimerait avoir une deuxième chance. Eh bien, sur le plan de la famille, c'est possible. On peut juger sa famille, la critiquer, lui en vouloir ou décider de prendre ce qu'il y avait de bon et de l'exploiter. Puis, rectifier le tir dans sa nouvelle famille afin d'éviter les manques et parfois même la souffrance. Nous avons souffert d'un manque de communication, par exemple ; alors je m'applique maintenant, dans ma famille actuelle, à communiquer. Nous avons souffert d'un manque d'encouragement, c'est la même chose : j'apprends à encourager les membres de ma famille et je leur demande de m'encourager. La qualité de vie laissait à désirer ; nous avons le pouvoir de ne pas répéter les mêmes erreurs. Mon milieu familial était violent, insécurisant ; je fais en sorte que la douceur et la sécurité caractérisent ma famille. Et le cycle négatif, si tel a été le cas, peut se terminer avec nous.

C'est le résultat positif aujourd'hui que peut avoir notre histoire familiale passée. C'est l'un de nos objectifs, en tant que parents : amener nos enfants à faire mieux que nous. On a alors l'impression d'avoir atteint notre objectif. Cette transformation du passé par le présent s'applique par le développement de ce discernement sur ce qu'était réellement votre famille, points forts et difficultés, puis de créer du nouveau, ce qui ira avec votre propre personnalité.

Par exemple, en relation avec ma propre histoire familiale, cela m'a fait travailler – et me fait encore travailler – l'acceptation de l'imperfection dans mes relations actuelles, et l'engagement à m'impliquer pour les améliorer. En fait, c'est un objectif que je me suis donné, en raison de mes manques, de mes blessures et même de mes propres erreurs, dans le but de me créer une vie familiale des plus satisfaisantes. C'est ce que l'on peut aussi appeler « sortir du rôle de victime que nous jouions dans notre passé ».

Et vous, qu'avez-vous besoin de transformer de votre passé, pour être plus heureux aujourd'hui dans votre famille ?

Et comment allez-vous vous y prendre concrètement (apportez un exemple) ?

Ce qui me vient maintenant, et avec beaucoup de plaisir, c'est le souvenir de l'émission *Quelle famille* ! Par pur plaisir, je vous ramène – particulièrement ceux qui s'en souviennent –, à ce doux souvenir des années soixante-dix. Ce téléroman mettait alors en scène une famille moyenne. C'était avec Jeannette Bertrand. Nous avions l'habitude de regarder cette émission en famille, le dimanche soir. Une émission inspirante dans laquelle madame Bertrand nous présentait non pas la famille *idéale*, comme c'était le cas dans plusieurs émissions américaines du temps, mais la famille *réelle*. Dans le but d'apprendre à *faire avec*. On s'aime, on se chicane, on ne se parle plus, on se reparle, et on continue. C'était une fiction, c'est vrai, mais qui nous nous présentait la réalité de façon vraisemblable. Réalité qui est, encore une fois, notre outil principal de travail.

C'est ce que je vous propose comme travail ici : non pas de chercher la famille idéale, mais de partir de celle que vous avez et de vous servir des caractéristiques que je vous présente pour avoir plus de plaisir et de satisfaction à vivre en famille.

Je crois que la famille est le prolongement de l'amour et de l'engagement du couple. La relation entre les partenaires amoureux influe directement sur la famille. Et par le fait même, pour certains, la famille peut aussi être le prolongement du manque d'amour et du manque d'engagement. C'est ce qui sera le sujet de votre travail d'amélioration de votre qualité de vie relationnelle. C'est pourquoi je trouve important de traiter de cette partie indissociable de la vie de couple qu'est la vie de famille.

Les difficultés et les dysfonctionnements des enfants sont parfois des symptômes du manque de solidité et d'engagement du couple. Les enfants réagissent ainsi à leur insécurité et au manque de satisfaction de leurs besoins affectifs.

Les enfants sont comme un trait d'union dans le couple, c'est-à-dire que soit ils séparent les partenaires, soit ils les unissent. C'est à nous de choisir la façon dont nous voulons que notre famille soit, et le rôle des enfants dans notre couple. La présence des enfants unit le couple lorsqu'ils sont nés d'un projet commun, mais si le fait d'avoir des enfants ensemble n'est pas assumé, alors ceux-ci séparent le couple parce qu'ils deviennent un sujet de conflits, de reproches mutuels et de dérangements.

Les enfants sont comme un trait d'union dans le couple, c'est-à-dire que soit ils séparent les partenaires, soit ils les unissent. C'est à nous de choisir.

Comment reconnaît-on la famille divisée ?

Qu'est-ce qui divise une famille et qu'est-ce qui l'unit ? L'on peut imaginer comme base au bon fonctionnement de la famille une série de cercles concentriques, imbriqués les uns dans les autres, telles des poupées russes. Commençons par celui du centre – le plus petit – entouré de plusieurs autres, plus grands. Ce cercle central, autour duquel se grefferont les autres, c'est soi-même. Se connaître, s'écouter, se donner de la valeur. Le cercle suivant représente le couple ; s'y investir, s'y engager et y donner de la valeur. Ensuite la famille ; s'y investir, l'aimer et en être fier. Puis, la famille élargie et les amis. Cela démontre les priorités liées à nos besoins.

Briser le respect de cet ordre, de quelque façon que ce soit, divise la famille. On divise lorsqu'on blesse l'autre, qu'on se laisse blesser, qu'on envahit l'autre, qu'on l'abandonne, qu'on le rejette, qu'on le dénigre, qu'on le déserte, etc.

Je vous présenterai d'abord, dans ce chapitre, les éléments qui divisent la famille et les conséquences spécifiques de ces éléments, dans le but d'éliminer le plus possible ce qui divise, pour se concentrer sur ce qui unit. Il s'agira aussi de prendre conscience des conséquences de ces gestes, qui ne sont pas toujours apparents, et qui peuvent même – en plus d'être inconscients –, être banalisés.

Il se peut qu'en lisant ce chapitre, tout cela vous semble évident. Rester sur ce sentiment d'évidence risque de ne pas vous aider ; je vous suggère plutôt, pour bénéficier le plus possible de votre lecture, d'en profiter pour évaluer où vous en êtes, vous et votre famille, par rapport aux points abordés. Je vous propose de garder l'esprit ouvert et de ne pas vous juger, dans le but d'améliorer la qualité de vie dans votre famille. L'idée, ce n'est pas de se culpabiliser, mais d'être plus heureux en transformant les habitudes qui nuisent à notre bonheur.

LA CONFUSION DES RÔLES ET LA PLACE DE CHACUN

Je fais ici particulièrement référence aux rôles des parents. Il n'est pas rare aujourd'hui de voir des parents qui ne jouent plus leur rôle d'autorité.

Le phénomène a souvent été identifié par des sociologues comme un retour de balancier. Mais cela n'est pas propre à notre société : on le retrouve ailleurs dans le monde. Il s'agit de mouvements sociaux, tantôt de gauche, tantôt de droite. On passe d'un extrême à l'autre, d'une éducation stricte à une éducation permissive qui recommande aux parents d'être *amis* avec leurs enfants. Cette éducation, pour le parent, ressemble à une sorte d'abandon du rôle d'autorité qui lui revient.

Alors, l'encadrement disparaît et l'insécurité s'installe dans la famille. Lorsque les parents ne jouent pas leur rôle d'autorité, une lutte de pouvoir s'ensuit entre les enfants ; en l'absence d'autorité, on se demande qui prendra le poste de chef, laissé vacant.

En raison de cette insécurité, les plus jeunes ou les plus vulnérables ne sauront plus qui écouter ; ils seront confus. De plus, ils sont à la merci des plus forts, et lorsque ceux-ci en abusent, les conséquences peuvent devenir importantes.

C'est aux parents que revient la responsabilité de protéger les plus vulnérables contre les effets négatifs de la rivalité entre les enfants, car les enfants ne peuvent le faire eux-mêmes, ils n'ont ni la position ni l'autorité nécessaires.

Ce n'est pas le rôle des enfants d'assumer l'autorité. Ils peuvent être le prolongement des parents lorsqu'ils sont mandatés pour le faire, mais ils ne peuvent pas *devenir* les parents. Même si cela n'est pas rare, ce n'est pas souhaitable. Il en va de même pour tout groupe en manque de chef ; l'anarchie et l'insécurité s'installent. S'ensuit la guerre de pouvoir. Et il n'y aura pas de gagnant.

Conséquemment, les enfants n'auront pas de modèles parentaux d'autorité pour s'assumer en tant que chef. Les plus vieux y perdront leur enfance, puisque ce sont souvent eux qui prennent le relais. Même si parfois, cela unit le sous-groupe *enfants*, cela divise la famille. Plus l'autorité est assumée par les chefs naturels que sont les parents, plus le groupe est sécurisé et uni autour de ce *leader* positif.

Les règles doivent être claires. Les parents sont les figures d'autorité, et les enfants occupent la place des enfants. Il en va de même pour l'enfant qui refuse sa place d'enfant et qui cherche à être considéré comme un adulte, sans en avoir le statut. C'est souvent le signe d'une relation difficile avec l'autorité en place, et non un besoin réel. C'est une réaction défensive soulignant une souffrance qui doit être entendue, et non un désir réel de l'enfant de rejeter le parent.

PARLER DE FAÇON DÉFAVORABLE DE L'AUTRE PARENT DEVANT LES ENFANTS

Est-ce rare ? Non ! Pas du tout. Vous n'avez qu'à observer les gens autour de vous. C'est même très fréquent. Est-ce banal pour autant ? Non ! En plus de blesser l'un et l'autre, ça entretient le sentiment de supériorité de l'un et le sentiment d'infériorité de l'autre, cela instaure entre les parents le système relationnel défensif et négatif de supérieur-inférieur. Ce qui, de plus, nuit au sentiment amoureux.

Par exemple, il s'agit de l'un des parents qui reprend l'autre devant les enfants ; il le critique, le ridiculise, ou banalise ce qu'il dit ou fait, en sa présence ou non. Plusieurs parents règlent ainsi leurs comptes en prenant les enfants comme témoin.

C'est très souffrant et très négatif pour les enfants, et dommageable pour leur développement personnel. Lorsque l'enfant a une image négative de l'un des parents parce que l'autre en dit du mal, ça l'oblige à choisir entre les deux. C'est d'ailleurs souvent l'objectif du parent qui utilise ce subterfuge.

Lorsque l'enfant rejette l'un de ses deux parents au profit de l'autre, il n'est pas en mesure de comprendre que ceux-ci sont pris dans un conflit, et qu'ils ont chacun leur responsabilité. Il prendra habituellement pour la personne qui se positionnera en tant que victime, et condamnera la personne qui sera perçue comme le bourreau. « Ma mère a toujours été sur le dos de mon père. » « Mon père n'a jamais apprécié ma mère à sa juste valeur. » Cela divisera la famille en créant des sous-groupes, ce qui isolera le parent perçu négativement.

De plus, l'enfant rejettera tout ce qui peut ressembler à ce parent perçu négativement. Il vieillira avec la hantise de ressembler à ce dernier. Il perdra ainsi la possibilité de se percevoir objectivement, de se connaître globalement et de s'accepter tel qu'il est. Le rejet de nos modèles est à la base du manque d'amour de soi.

En vieillissant, particulièrement à l'adolescence, il n'est pas rare que l'enfant rejette aussi le parent médisant, car un jour, le principe de victime ne le touchera plus et l'enfant cherchera à sortir de cette dynamique par besoin de se retrouver. Puis, socialement, l'enfant risque de ne plus être en mesure d'envisager globalement les gens, et de ne pas percevoir les nuances qui les caractérisent. Il y aura les bons et les méchants. Il portera sur lui-même ce propre jugement. Il y aura ainsi les bonnes personnes et les mauvaises personnes, plutôt que des gens avec certaines qualités et certains défauts, avec certaines habiletés et certaines souffrances. Il sera sujet à l'idéalisation du monde, ou au contraire, il aura une vision négative du monde, tout aussi irréaliste.

Les enfants ont besoin des deux parents sur le plan affectif et pour construire leur propre personnalité. Les parents doivent garder leurs conflits pour eux, sans pour autant mentir si l'enfant s'aperçoit de quelque chose. « Oui ! En ce moment, nous vivons un conflit, et on s'en occupe. »

Sans pour cela régler leurs comptes devant les enfants et dénigrer l'autre en leur présence.

PARLER DE FAÇON DÉFAVORABLE D'UN MEMBRE DE LA FAMILLE DEVANT DES PERSONNES EXTÉRIEURES

Nombre de fois, que ce soit par vengeance, par impuissance à régler une situation désagréable avec un des membres de la famille, à la suite d'un malaise, d'une blessure ou pour se valoriser et se donner de l'importance aux yeux des autres, il arrive qu'un membre d'une famille dénigre un autre membre de la famille en présence de personnes extérieures. Cela peut se faire devant la victime ou non.

Ce signe de malaise non réglé, d'un non-dit, atteint la famille. Cette attitude défensive occasionne de nouvelles blessures, attire la vengeance, atteint la fierté de faire partie de cette famille et contribue à la division de celle-ci. De plus, cette attitude effrite la confiance des membres de la famille. Il est important que, lorsque cela arrive, la personne concernée par cette médisance en fasse part à celui ou celle qui l'a ainsi blessée devant les autres. Ceci dans le but de conserver l'unité familiale, qui a plus de chance de survivre à une franche discussion qu'au silence. On doit à ce moment appliquer la méthode de communication authentique, expliquée au chapitre deux.

LE MENSONGE

Le mensonge blesse la personne concernée, et nuit à la relation elle-même. C'est une forme de trahison qui surtout, ça insécurise l'entourage. On ne peut plus faire confiance aux autres membres. Cela fait aussi en sorte que les autres nous mentent à leur tour, par insécurité et par méfiance.

Cela me rappelle un jeune adolescent que j'ai reçu en consultation, justement pour cette problématique. Il banalisait cette attitude. Et ce que nous avons compris ensemble, c'est que le père et la mère se mentaient aussi, peut-être pour de bonnes raisons en apparence, mais ils se mentaient tout de même.

On ment souvent par insécurité ou par recherche de reconnaissance. C'est une façon à court terme de réagir, car à plus long terme, c'est précisément l'insécurité et la non-reconnaissance qui s'installent.

Il est important, pour sécuriser chacun des membres de la famille, de favoriser la vérité, même si parfois, c'est difficile, que ça fait peur et que ça génère des émotions désagréables. À court terme, ça peut « brasser », mais à plus long terme, ça unit. La vérité entretient la fierté de chacun et de la famille. Apprendre à faire face à nos peurs par l'expression de la vérité et de sa propre vérité a cet effet bénéfique sur la personne authentique.

L'estime de soi se nourrit particulièrement par l'expression non défensive de la vérité. Le mensonge, lui, divise la famille, la fragilise et atteint la fierté familiale au lieu de resserrer les liens affectifs.

LA SUPÉRIORITÉ D'UN DES DEUX PARENTS SUR L'AUTRE

La supériorité, souvent inconsciente, signifie que l'un des deux parents a plus de valeur, plus de capacités et de compétences que l'autre, dans un domaine spécifique ou dans plusieurs (l'éducation des enfants, l'intelligence rationnelle, les aptitudes sociales, manuelles, etc.) En fait, c'est penser, dire ou montrer que l'un des deux parents est adéquat, et que l'autre ne l'est pas.

C'est une forme de dénigrement en se supériorisant ou d'autodénigrement en s'infériorisant. Il s'agit parfois de comparaisons subtiles ; mais parfois, elles ne le sont pas du tout. Ces dévalorisations peuvent aussi prendre plusieurs formes, directes ou sous-entendues. C'est pourquoi il est important de comprendre qu'il y a celui ou celle qui se positionne en tant que supérieur, et celui ou celle qui entretient ce système en s'infériorisant. Ce qui est d'autant plus dommageable, car cela signifie que la personne accepte cette infériorisation.

Cette dynamique fait en sorte que les enfants finissent par croire qu'effectivement, l'un des deux parents est supérieur à l'autre. La honte, le dénigrement et le mépris envers ce parent « inférieur » suivront ce mode relationnel. De plus, les enfants rejetteront la ou les parties d'eux-mêmes qui peuvent ressembler de près ou de loin à ce parent « inférieur », et se mépriseront.

En même temps, si l'un des enfants se reconnaît dans ce parent infériorisé, il développera un sentiment d'infériorité à son tour.

Prenons l'exemple d'un parent plus *intérieur* que l'autre, ayant plus de facilité avec l'intimité qu'avec les relations sociales. Ce qui est une qualité aussi valable que l'autre, mais qui n'est pas reconnue. Les enfants témoins de la « supériorité » du parent plus sociable sur le parent plus intérieur rejetteront les qualités qu'ils ont en commun avec ce parent dit « inférieur », perdant ainsi leur valeur et laissant de côté des outils relationnels liés à ces qualités.

Ce qui participe bien sûr à briser l'unité familiale, qui est créée en partie par l'égalité. C'est pourquoi il est important, face aux différences de chacun, d'y voir les forces et les difficultés, et de le reconnaître. Si vous n'arrivez pas à le faire, un travail thérapeutique s'impose. Car c'est une partie de vous que vous rejetez en jugeant que vous êtes supérieur à l'autre ; la personne qui s'infériorise, pour sa part, a de la difficulté à reconnaître sa différence et sa valeur.

LE MANQUE DE COMMUNICATION

On apprend à communiquer dans sa famille d'origine ou on apprend à fuir.

Par exemple, on entendra : « Il ne faut pas soulever la poussière » ; il s'agit d'une façon d'imager la peur de la communication. Sans communication, c'est l'isolement et l'individualisme qui s'installent. C'est le vide affectif pour les membres de la famille.

Ce qui divisera la famille à ce moment, car chacun ira chercher sa nourriture affective ailleurs, puisqu'elle est essentielle. Il n'y a plus d'union et d'unité possibles sans la communication. Ce sera plutôt l'accumulation de non-dits, de ressentiments et de rancœur.

L'on perd la sécurité familiale par manque de communication et on cherche ainsi à tisser des liens ailleurs pour répondre aux besoins affectifs. Mais il n'est pas assuré qu'il s'agira de bonnes places et de bonnes personnes.

Le manque de communication dans la famille augmente la dépendance affective et le manque de confiance.

Dans ce cas-ci, je pense aux enfants, bien sûr, mais tout particulièrement aux adolescents qui se sentent vulnérables lorsqu'il n'y a pas de satisfaction des besoins affectifs par la communication dans le noyau familial. La communication est essentielle et nécessaire !

LA RECHERCHE DE LA SATISFACTION DES BESOINS À L'EXTÉRIEUR DE LA FAMILLE

Il y a des besoins qui sont propres à la famille, et dont la satisfaction doit venir de ce noyau d'abord, pour stabiliser chacun, pour équilibrer chacun.

Je parle ici de la **sécurité affective** et du besoin d'**identification**. Ces besoins, une fois satisfaits, nous aident à construire notre identité. En raison de la sécurité affective, l'enfant ou l'adolescent a plus de facilité à s'affirmer face au monde extérieur. Il s'égare moins et ne se moule pas aux autres par besoin de sécurité, pour être accepté et aimé.

Puis, parce qu'il s'identifie aux modèles, il est plus proche de ce qu'il est, de ce qu'il ressent, de ce qu'il veut et de ce qu'il ne veut pas. Il est ainsi en paix avec ses modèles ; l'affirmation de l'enfant ou de l'adolescent devient plus aisée, le respect de soi en relation avec les autres devient plus naturel. C'est pourquoi lorsque la famille ne représente pas un lieu sécurisant pour lui, quand il y a absence de modèle, c'est sa base qu'il perd. Sans cette base, chacun ira encore une fois chercher à satisfaire ses besoins ailleurs, à se sécuriser ailleurs et à s'identifier à une autre « famille », à un autre groupe.

Il rejettera ainsi les modèles que sont ses parents, ses frères et sœurs, voire le modèle même de la famille. Chacun se fragilise socialement dans ce manque et ce rejet. La confiance est atteinte. Et l'unité de la famille est encore une fois touchée.

LA HONTE DE SA FAMILLE

Avoir honte de sa famille, c'est la juger, ainsi que ceux qui la composent. Ce qui se traduira par une honte de soi-même. On peut bien sûr avoir honte de certains comportements de certains des membres de sa famille. Avoir honte de certains faits spécifiques est beaucoup moins lourd à porter que d'avoir honte de sa famille globalement et totalement. Et c'est plus près de la réalité.

Par exemple, j'ai eu honte parce que mon père ne prenait pas soin de notre maison autant que je l'aurais voulu, mais j'étais fier de voir à quel point il était intelligent.

Il est important de nourrir la fierté de notre famille, malgré les imperfections et les manques. Sinon, c'est chacun des membres de la famille que sera victime de ce manque de fierté et de cette honte. Pour chacun des membres de la famille qui ne sera pas fier d'en faire partie, les conséquences seront le dénigrement des autres membres, la honte de soi, le désir de vouloir s'extraire et s'éloigner de la famille ; chacun voudra briser encore une fois l'unité de la famille.

LE NON-RESPECT DU TERRITOIRE DE CHACUN

Le territoire d'une personne, c'est son espace physique et matériel, son corps, ainsi que sa façon de penser, ses idées et ses valeurs.

Le non-respect du territoire de chacun, autant psychologique que physique, atteint le développement de la valeur personnelle d'un individu et sa saine capacité à se donner et à prendre de l'importance dans la vie.

Je parle ici du respect de ses idées, de ses valeurs, de son espace attribué, tel que sa chambre et ses vêtements. C'est par l'envahissement de son espace physique, ou en privant une personne d'avoir un espace physique, quel qu'il soit, que l'on brime cette valeur.

Ce n'est pas tant la grandeur du territoire qui compte ; par contre, celui-ci doit être bien identifié et respecté. « Cette place est à toi, et personne ne te l'enlèvera. » C'est aussi par le dénigrement de ses idées, de ses goûts et de ses valeurs que l'on envahit psychologiquement et affectivement le territoire de l'autre.

Encore une fois, cette notion de respect de sa propre valeur et de celle de l'autre est un apprentissage qui se fait d'abord dans le milieu familial, afin que ce soit intégré et que ça devienne naturel. Ce non-respect atteint l'unité familiale d'abord, car le sentiment de ne pas être respecté dans sa famille contribue au rejet de celle-ci ; en raison de cette absence de territoire dans le milieu familial, la personne cherchera à satisfaire ses besoins ailleurs.

L'IDÉALISATION DE SA FAMILLE

L'idéalisation est un mécanisme de défense qui sert à nier la réalité. Cela dénote une difficulté à s'adapter à elle. Par l'idéalisation, on tente de se couper d'une souffrance.

Conséquemment, et c'est le fonctionnement de l'idéalisation, on tentera de correspondre à l'idéal que l'on veut atteindre, en rejetant ce qui n'y correspond pas. On perd alors notre naturel en tentant de le cacher, de le masquer et de le remplacer par une image. On perd notre authenticité, et l'on ne peut pas entretenir de relations vraies et nourrissantes.

La conséquence de cette idéalisation, c'est l'exigence que l'on s'impose par la suite de répondre à ces standards, et que l'on imposera à l'entourage : conjoint, enfants, amis.

De plus, on restera avec cette difficulté importante à composer avec la réalité de la vie. On risque de continuer à rechercher l'idéal et à rejeter le réel. L'union de la famille est alors artificielle et en sursis, car il faut cacher ce dont on a honte, ne pas en parler. Et le jour où ça sort, l'unité explose. Ce qui suit toujours l'illusion, c'est la désillusion, et très souvent, le rejet. À moins d'entreprendre un travail d'acceptation.

LES PARENTS COMME SUJET DE HONTE ET DE REJET POUR LES ENFANTS

Ceci s'inscrit dans la même veine que la honte, mais j'en parle parce que cette honte du parent sera cruciale dans la vision que l'enfant développera du couple.

Cette dynamique s'installe lorsque les enfants entretiennent de la honte envers leurs parents en tant que couple en raison de leurs attitudes socialement inacceptables ; cette dynamique amènera les enfants à rejeter leurs parents et le modèle de couple qu'ils représentent. Ils auront aussi, par identification, honte d'eux-mêmes ; ils chercheront à fuir la famille et à trouver refuge auprès d'autres modèles. Ils s'identifieront ailleurs.

Parfois, vulnérables et en quête du besoin de s'identifier, ils peuvent faire un bon choix, ce qui les aidera. Cela n'empêche pas l'unité de la famille d'être encore une fois ébranlée. De plus, ils garderont une image négative du couple, ce qui risque de les perturber dans la construction de leur propre vie de couple et dans la construction de leur propre vie de famille. Cela risque aussi de fragiliser la famille qu'ils tenteront eux-mêmes de fonder, puisqu'ils traîneront cette honte avec eux.

UNE DYNAMIQUE FAMILIALE BLESSANTE

Une famille où il y a des blessures et où celles-ci sont entretenues par un manque d'ouverture et de souplesse peut-être divisée. Il est très fréquent, pour ne pas dire normal, qu'il y ait des choses qui blessent les enfants, dans la mesure où ce n'est pas intentionnel (sinon, c'est de la méchanceté, et là, c'est plus difficile à soigner).

Qu'est-ce qui contribue à l'instauration d'une dynamique blessante au sein de la famille ? Le manque d'ouverture et le manque de souplesse à s'ajuster aux attitudes blessantes.

En raison de cette fermeture, les membres de la famille auront le désir de s'éloigner. Ainsi, l'unité de la famille sera fragilisée ou brisée. Nul n'exige la perfection, mais une ouverture à la communication et à des ajustements est nécessaire pour conserver cette unité.

LA COMPARAISON

Il s'agit de se comparer aux autres familles et de se plaindre de la sienne. La comparaison sous-entend toujours qu'il y a un inférieur et un supérieur, un « correct » et un « pas correct ».

Cette attitude nourrit une vision négative de notre famille, plutôt que positive. Et la plainte suscite la victimisation.

En raison de ces deux attitudes défensives, on n'apprend pas à faire face aux difficultés de façon responsable. On rêve et on attend. C'est le rejet de la famille et le dénigrement. Bien sûr, cela fragilise la famille. Car c'est tout le contraire de l'appréciation de sa famille et de l'intention de régler les difficultés. C'est se répéter sans cesse que notre famille ne vaut rien, et qu'ailleurs, c'est mieux.

En fait, cette dynamique brise les liens familiaux, nuit à l'estime de soi et à la confiance en autrui, puisque l'image de soi est atteinte lorsque l'image de notre famille est en cause. En guise de conséquences, l'on remarque la perte de la sécurité affective, la difficulté à prendre son envol dans la vie et à s'autocréer de façon authentique. Ce qui contribue aussi au danger d'être plus dépendant du monde extérieur à la famille, soit être plus dépendant d'éventuels conjoints et ou groupes d'amis.

Nous allons maintenant voir les caractéristiques d'une famille unie et ses impacts positifs.

Chapitre 6

Une famille unie et ses impacts positifs

Dans ce chapitre, je parlerai de certaines des caractéristiques vues au chapitre précédent, de façon à démontrer comment celles-ci peuvent unir les membres de la famille, plutôt que de le diviser. Je traiterai des impacts de chacune d'elles, en plus d'en préciser d'autres.

Je répète ma mise en garde : le but, encore une fois, n'est pas de se comparer en se disant que nous ne sommes pas de bons parents parce que nous ne correspondons pas à ce que je présente. Personne ne possède toutes ces caractéristiques. Ce n'est pas un idéal à atteindre, mais plutôt des outils de réflexion pour trouver une réponse à vos insatisfactions et ainsi avoir des pistes de solution. C'est rassurant, des pistes de solution. C'est rassurant et encourageant de savoir que l'on cherche à la bonne place. En raison de ces solutions, il est possible de s'améliorer et d'être satisfait.

CONNAÎTRE SON RÔLE

Comme dans une entreprise ou dans une équipe sportive, les membres d'une famille doivent connaître leur rôle, l'accepter et accepter ceux des autres. Chacun son rôle, c'est synonyme de sécurité et d'évolution, et ce, en fonction de la place qui revient à chacun : la place de parent, d'enfant, d'adolescent, de jeune adulte, d'étudiant, de responsable de la sécurité financière.

Chacun sa place (dans un sens positif et motivant), « et les poules seront bien gardées », disait-on anciennement. Le but, c'est l'évolution de la famille et la satisfaction des besoins des membres de la famille. Il y a des tâches et des rôles qui vont de soi, comme ceux des parents et ceux des enfants. D'autres tâches et d'autres rôles sont à définir. Bien sûr, socialement, certaines tâches et certains rôles sont dévolus : l'homme s'occupe de la tondeuse, par exemple, et des voitures, et la femme de l'alimentation et des relations. Mais si, dans votre couple, c'est décidé autrement, c'est très bien ! Tant et aussi longtemps que c'est clairement établi et assumé.

La mise en place et le respect de cette structure renforcent l'unité de la famille. C'est de là, en partie, que naît la sécurité au sein de la famille. La famille, c'est justement le lieu de l'amour et de la sécurité. Et pour en bénéficier, il y a des règles à suivre. Et le respect des rôles et des tâches en fait partie. « Je sais que tu t'en occupes, je sais que tu es là. » Si quelqu'un ne joue pas son rôle, c'est déstabilisant et insécurisant pour tous.

Cela me rappelle une discussion avec ma fille. Elle me disait à quel point elle apprécie le fait qu'il est possible de compter sur nous sur plusieurs plans. Elle sait que la maison est là, propre et entretenue, qu'il y a de la nourriture, que si elle a besoin de parler ou si elle a besoin de soutien, nous sommes là. Juste de l'écrire m'émeut. Ce qui me touche, c'est d'offrir cette sécurité à ma fille.

Cela lui permet de se consacrer à la réussite de ses études, de sa vie sociale et amoureuse. Quelle sécurité pour moi de savoir que Marie-Josée, ma conjointe, s'occupe de la maison ! Et pour elle, quelle sécurité de savoir que je m'assure de l'essentiel concernant notre sécurité financière ! La sécurité, qu'elle soit affective, matérielle ou financière, est essentielle au bon fonctionnement de chaque être humain. La sécurité, c'est la base qui nous permet d'aller plus loin.

L'ACCEPTATION DES MEMBRES DE LA FAMILLE

L'acceptation de tous les membres de sa famille, tels qu'ils sont, est un autre des besoins affectifs essentiels à l'équilibre et à l'épanouissement de chaque être humain, comme la sécurité.

Il ne s'agit pas de ne rien faire ou de dire si l'on est mal à l'aise, blessé ou dérangé par des attitudes et des actions de l'un des membres de la famille. Ce n'est pas la personne que je rejette, c'est une attitude ou un geste que je remets en question.

L'acceptation, c'est l'accueil des imperfections de chacun, de l'amour, malgré les imperfections. C'est aussi un antidote à l'exigence envers soi-même et envers les autres, et au piège de l'idéalisation. Si nous cherchons l'idéal plutôt que d'accepter la réalité, ce qui nous guette, c'est la comparaison avec les autres familles. Lorsqu'on regarde d'autres familles qui semblent en apparence mieux que la nôtre, on perd la capacité et l'aptitude à vivre avec la personne que nous sommes ou avec la famille à laquelle nous appartenons, nous avons du mal à vivre avec notre famille et les membres de celle-ci.

LA FIERTÉ

Dans une famille unie, les membres sont fiers de leur famille et des autres membres de celle-ci. Il y a certainement des attitudes chez des gens qui vous entourent que vous n'appréciez pas. Mais il y a certainement chez tous ceux qui vous entourent des attitudes que vous appréciez.

Nous avons ainsi le choix de mettre toute l'importance sur ce que nous n'aimons pas des autres, sur ce dont nous ne sommes pas fiers, et de perdre de vue leurs qualités. Il en est de même en ce qui a trait aux membres de notre famille.

Être fier de notre famille, c'est apprendre à voir avec discernement ce que nous n'apprécions pas, mais aussi entretenir une vision positive d'eux. C'est de cette façon que nous pouvons nourrir ce besoin affectif essentiel à l'équilibre et au bonheur – comme la sécurité et l'acceptation dont j'ai parlé plus tôt –, c'est-à-dire la reconnaissance de la valeur d'une personne.

Comme je le mentionnais aussi, il est sain de savoir ce qui nous dérange chez les autres, mais il faut savoir que c'est souvent au détriment de ce dont nous sommes fiers, chez cette personne. Leurs qualités sont non seulement peu vues et peu mises en valeur, mais encore moins exprimées. C'est dommage, car ce fonctionnement est générateur de souffrances, et de plus, il est nuisible à l'unité de la famille, puisqu'il nous rend moins fiers de faire partie de celle-ci.

Cette attitude nuit aussi à l'image que nous avons de nous-mêmes, car nous nous sommes identifiés à notre famille, nous en faisons partie, bien qu'on la rejette parfois.

Je vous encourage fortement, pour entreprendre ce changement et être fier de votre famille, de vous arrêter tout de suite et d'identifier deux caractéristiques positives qui vous plaisent ;

d'abord chez vos parents, individuellement

....

....

puis chez vos frères

....

....

et vos sœurs

....

....

chez votre conjoint

....

....

chez vos enfants, individuellement

....

....

....

Par la suite, je vous encourage à entretenir cette image d'eux. Ce sera d'abord une image d'eux plus réaliste, car elle sera basée sur les points que vous aimez de ces personnes. Cet exercice aura comme effet bénéfique de nourrir votre fierté, celle de votre famille, des membres de votre famille et la fierté envers vous-mêmes. De plus, il serait favorable d'exprimer à ces gens, dans un moment approprié, ce qui solidifie les liens de la famille. Vous pouvez retrouver cet exercice au chapitre treize.

Il me vient en exemple un contraste frappant entre deux familles que j'ai déjà rencontrées. Dans la première, ce sont les reproches qui sont d'usage, comme dans bien d'autres, au détriment de la reconnaissance et de l'appréciation ; l'on entretient une vision négative des autres. De plus, lorsqu'un des membres de la famille n'est pas là, on en parle négativement.

Lors d'un souper, ils me demandèrent si je pouvais faire quelque chose pour améliorer l'ambiance familiale. Je leur ai alors proposé de nommer, pour chacun des membres de la famille, une qualité qu'ils appréciaient. Ce fut assez frappant de voir à quel point c'était difficile pour eux.

Un exercice simple en apparence, qu'ils furent incapables de faire. Le père s'est mis à rire pour faire diversion, et a tenté de changer de sujet. La mère n'osa rien dire dans un premier temps, mais se mit à critiquer le père par la suite. Un des enfants se moqua de l'exercice et l'autre enfant tenta l'expérience. Mais aucun des autres membres de la famille n'a été en mesure de reconnaître et d'apprécier les qualités que ce dernier évoquait.

Ce qui est frappant, dans cette famille, c'est qu'ils sont souvent en conflit, que les enfants se confient très peu aux parents, qu'il y a de la colère en chacun d'eux et que tous les membres souffrent d'un manque de confiance en soi et d'un manque de reconnaissance.

Par contre, j'ai eu la chance de côtoyer la famille de mon associée. C'est frappant, et j'en fus témoin à plusieurs occasions, mais notamment au cours d'un souper : chacun s'exprimait avec aisance, car chacun se sentait en sécurité, sachant que personne ne chercherait à les discréditer ou à les ridiculiser. Ce qui n'empêche pas les opinions divergentes ; mais elles ne sont pas émises dans le but d'humilier l'autre. Puis, tous étaient capables de reconnaître les bons coups de chacun, d'être encourageants dans leurs commentaires, en plus d'émettre leurs opinions. Juste d'être témoin de ça, ça m'a touché. Cette attitude nourrit les liens et la confiance et contribue à entretenir la fierté à l'égard de la famille et de ses membres.

LA COMMUNICATION ET L'ENGAGEMENT

Une famille unie communique et s'engage à le faire, malgré les difficultés, les contraintes, l'orgueil et les frustrations. La communication, c'est beau, c'est très beau, même, surtout quand ça va bien, surtout quand on a de belles choses à se dire.

Le défi de la communication, c'est lorsque c'est difficile, lorsque ça nous fait peur, lorsqu'on est blessé ou frustré, lorsqu'on a envie de déserter le milieu familial et de rejeter les relations familiales.

Comme le dit madame Portelance dans son livre *Aimer sans perdre sa liberté*, « La relation se crée à partir de l'expression des émotions agréables, et se perd par le silence des émotions désagréables. » C'est grâce au fait que l'on s'engage à se parler aussi des malaises que les relations familiales restent fortes. Je ne parle pas d'idéalisation de la famille au sein de laquelle tout le monde se parle et s'aime toujours, mais de la réalité de l'impact que crée sur la famille la capacité à se reparler et à s'écouter ; c'est l'un des fils qui tissent les liens. Pour appuyer l'importance de ce point, je vous réfère au chapitre sur le couple fort et la communication.

L'AMOUR

Ah l'amour ! Tout n'a-t-il pas été chanté, écrit en poésie et en roman, présenté en film ? Sûrement pas, il y aura encore d'autres poèmes, d'autres films, d'autres romans.

Mais ce qui est plus rare et ce dont je parle ici, c'est l'expression quotidienne de l'amour et de l'appréciation des gens de notre entourage. Nous avons besoin de ressentir l'amour par le biais des poèmes, romans et films. Ce n'est pas que ce n'est pas bon, mais cela demeurera toujours incomplet si ce n'est pas ressenti dans notre vie quotidienne.

C'est fascinant l'effet que ça a, et tellement bon. Essayez-le ! Exprimez votre affection et votre appréciation à votre famille, avec discernement bien sûr, mais avec sincérité. Le défi s'impose à chacun de nous de ressentir l'amour, d'exprimer l'amour et d'en recevoir. C'est là que ça se passe, c'est là que c'est le plus dur et c'est là que c'est bon.

Cet exercice relationnel demande passer outre la pudeur, ainsi que la gêne, pour vivre l'amour en relation avec les gens qui nous sont si chers.

Par exemple pour vous inspirer :

« Je suis content de te revoir. »

« J'ai tellement apprécié notre souper. »

« J'aime ça, te parler. »

« J'aime ça, t'écouter. »

« Je te trouve beau en ce moment. »

« Je te trouve belle ce soir. »

« J'aime t'écouter chanter. »

« J'adore faire une balade en voiture à tes côtés. »

« J'apprécie tellement la façon dont tu règles les difficultés. »

« J'aime te voir heureux. »

« J'aime te voir heureuse. »

« J'aime tellement t'entendre rire. »

« J'aime que tu fasses partie de ma vie. »

Ou tout simplement, « Je t'aime. »

Ce sont des façons différentes de dire à l'autre qu'on l'aime, qu'on l'apprécie. La capacité de parler des bienfaits de l'amour sera toujours limitée, mais vivre l'amour, ça exprime tout. Si je peux m'exprimer ainsi.

C'est pourquoi, en fait, je vous encourage à passer à l'action, à votre rythme. Il s'agit de le faire avec discernement, encore une fois, sinon vous allez faire peur aux autres ou encore vous ridiculiser et sinon vous dire que vous n'auriez pas dû. Je vous encourage à ressentir cet amour, et l'effet que ça a sur vous et sur votre famille. Je vous invite à mesurer l'impact sur votre famille de l'expression de l'amour sous toutes ses formes, ainsi que l'impact de l'expression de l'appréciation.

L'HUMOUR

L'humour est un autre moyen de tisser des liens dans la famille. Nombre de souvenirs heureux que nous avons de notre famille sont des moments de rire et de plaisir.

Cela me touche de l'écrire ; combien de fois ma fille, ma blonde et moi, on s'assoit le soir, tranquilles, et l'on se crée des scénarios, et nous rions ! Ma fille et moi, on se relance avec des histoires plus folles les unes que les autres et on rit, puis ma blonde est notre meilleur public, elle rit de bon cœur. C'est un moment d'arrêt, le temps ne compte plus, on est bien, on est heureux et on s'autosuffit pendant ce laps de temps. C'est tellement bon, car c'est un moment où l'on oublie les désagréments qu'il peut y avoir dans nos vies. Ça nous rapproche. Ces moments restent gravés en nous, et parfois, on rit juste à se les rappeler.

Ce qui est bon, c'est de savoir qu'il y en aura d'autres. Rire, ça fait oublier les souffrances pendant un temps, ça fait tomber les défenses et ça équilibre la vie.

Rire fait oublier les souffrances pendant un temps,
fait tomber les défenses et équilibre la vie.

LA VÉRITÉ

C'est tellement facile de considérer l'importance de dire la vérité d'une façon rationnelle, sur le plan moral, même, et de répéter « Bien sûr ! Il ne faut pas mentir ! Il faut dire la vérité. » Par contre, c'est une autre chose lorsqu'on a peur de la vérité. Lorsque nous sommes mis en face des impacts désagréables que peut avoir la vérité dans nos relations, c'est bien humain, en fait, on a peur de souffrir de l'impact qu'aura notre vérité sur les autres.

Par contre, c'est à ce moment que nos valeurs s'assouplissent, particulièrement lorsqu'il est question de nos relations significatives. En fait, on a peur que la vérité dérange, qu'elle fasse de la peine à l'autre, qu'elle réveille sa colère, qu'elle le culpabilise, et surtout qu'elle nous fasse vivre la réaction de l'autre ; et on a peur que les émotions de l'autre nous dérangent.

Lorsqu'on a peur d'avoir de la peine, de se sentir coupable, lorsqu'on a peur du conflit, du rejet ou de perdre l'autre, le mensonge devient justifié à nos yeux. Également lorsqu'il peut nous éviter de ressentir des émotions désagréables.

Le mensonge devient ainsi possible à court terme, pour éviter de souffrir, et non possible à long terme puisqu'il nuit à notre bien-être et à celui de la relation amoureuse et familiale. On oublie vite les conséquences du mensonge.

Le mensonge, tout d'abord, insécurise. Attention ici pour ne pas le banaliser ; l'un des besoins fondamentaux dans l'engagement amoureux, c'est la sécurité ; et par le mensonge, on nuit à notre sécurité et l'on fragilise la relation affective. Le mensonge brise la confiance. C'est pourquoi lorsqu'on pense à l'importance de la vérité, il est essentiel de se souvenir des impacts du mensonge.

Le mensonge inspire la méfiance, entretient l'isolement,
encourage la clandestinité et attire aussi le mensonge.
La vérité, pour sa part, est libératrice et sécurisante,
en plus de nourrir l'estime de soi.

Le mensonge, en plus des non-dits, inspire la méfiance, entretient l'isolement, encourage la clandestinité et attire aussi le mensonge. La vérité, pour sa part, est libératrice et sécurisante, en plus de nourrir l'estime de soi. La vérité peut être dérangeante à court terme, peut faire naître des émotions désagréables, mais à moyen et à long terme, on en sort gagnant.

Devant le mensonge, on ne peut rien faire à part se protéger. Malheureusement, on s'habitue au mensonge, on a l'impression qu'il n'a pas d'impact sur nous. À force de vivre dans le mensonge, on se croit immunisé, mais en fait, on refoule nos malaises et nos besoins.

Par contre, ce qui est encourageant, c'est qu'on peut aussi s'habituer à la vérité à force de la révéler. Chaque fois qu'une personne me dit la vérité, je la remercie pour son courage, car c'est un geste d'engagement et de confiance. À partir de la vérité, on peut bâtir quelque chose.

Là où il y a un problème avec l'expression de la vérité, c'est lorsqu'on pense que l'on dit la vérité, que l'on dit ce que l'on pense et qu'en fait, on ne parle pas de soi, mais de l'autre. C'est lorsqu'on parle au « tu » plutôt qu'au « je ». À ce moment, on ne dit plus sa vérité, mais on dit une vérité que l'on croit sur l'autre. « Dire leurs quatre vérités aux autres » est plus souvent une démarche de jugement que d'ouverture de soi à l'autre.

Exprimer sa vérité, c'est quelque chose que « nul ne peut faire à part soi-même ». Je vous encourage donc à refuser de vous laisser définir par les autres et à refuser de définir les autres. Ça brise la relation, tout comme le mensonge. Lorsqu'on parle de l'autre en pensant dire la vérité, en fait, on devient juge, critique et bourreau, puis on s'étonne qu'il y ait des conflits.

D'abord, qu'est-ce qui nous dit que c'est bien la vérité de l'autre ? La réalité, c'est que ce sont des interprétations ;

c'est une façon d'exprimer nos malaises, en fait. C'est à ne pas confondre. Ma vérité, celle qui me concerne ou ce que je considère comme la vérité sur les autres, c'est un pouvoir que je me donne ou un pouvoir que l'on se donne sur l'autre. Ce qui est très différent. Sommes-nous, à ce moment, si sûr et certain de la vérité de l'autre ? Vaudrait mieux vérifier, consulter l'autre ou alors ne pas s'exprimer comme s'il s'agissait de vérités, mais plutôt d'hypothèses.

Lorsque je pense à cela, je pense à ma fille. Nous avons su instaurer une relation de confiance, de sécurité et d'amour avec elle à partir de cette pratique de la vérité, qui ne fut pas toujours facile pour elle au début, et pour nous maintenant. Plus elle s'affirme aujourd'hui en fonction de sa différence, plus nous sommes face à l'insécurité, à la peine, à la peur de la perdre, mais en même temps, on gagne tant à être si proche, en confiance, et à s'aimer autant.

LA DÉFENSE DE SA FAMILLE

Les attaques extérieures contre notre famille, ce sont des paroles et des actions qui peuvent nuire à l'un ou plusieurs de ses membres ; il s'agit particulièrement des jugements, de la médisance, des rumeurs négatives et des trahisons.

Défendre sa famille – incluant bien sûr soi-même –, c'est déjà de ne pas parler contre l'un de ses membres devant des gens de l'extérieur.

Défendre sa famille contre l'extérieur, c'est un acte d'amour de soi et de fierté de soi, car notre famille, c'est une partie de nous. C'est pourquoi défendre notre famille contribue à l'estime et à la valeur que l'on donne à celle-ci. C'est aussi apprendre à considérer sa famille comme un bijou, un trésor dont on prend soin. Pourquoi le faire ? Pour notre sécurité affective, l'estime de soi et l'amour que les autres nous portent ; on est aussi fidèle aux gens qui sont importants pour nous. Il s'agit de ne pas trahir le lien familial qui nous nourrit.

Cela ne veut pas dire de fermer les yeux sur des malaises que l'on ressent en présence de certains membres de notre famille ; cela veut simplement dire qu'on apprend à régler ces problèmes avec la personne concernée. Cela ne veut pas non plus dire que nous sommes toujours d'accord avec tous les membres de notre famille – la fidélité, ce n'est pas synonyme d'aveuglement ou d'absence de jugement. Entretenir ce lien avec notre groupe d'appartenance nous aide à maintenir notre équilibre mental. Est-il nécessaire de dire que cela ne va pas jusqu'à tolérer les violences et les abus d'un des membres de la famille envers un autre ? Dénoncer l'abus, c'est se respecter. À l'opposé, garder le silence, c'est parfois se nier. Dans certains cas, par respect pour nos valeurs propres, il est nécessaire d'en parler, de mettre au jour une situation et de la dénoncer. Ce dont je parle plutôt, c'est de refuser de nuire aux membres de sa famille. Par identification et par affiliation, je le rappelle ; notre famille, c'est une partie de soi. Si je rejette ma famille, c'est tout ce qui me lie à elle que je rejette. Nourrir la fierté de sa famille, comme une lionne qui défend ses petits, c'est nourrir la fierté de soi. Ce qui entretient l'union familiale.

Par exemple, personnellement, je n'entretiens pas de liens très étroits avec ma famille d'origine, soit mes frères et mes sœurs. Je les côtoie très peu, pour diverses raisons, mais je n'accepte jamais qu'une personne parle en mal de ma famille ; je reste fier de ce qu'ils sont et de ce qu'ils font. Par contre, je me reprends sur le plan relationnel avec ma famille directe et les gens qui gravitent autour de nous. Ce qui nourrit mes besoins, ma valeur et tisse des liens solides entre nous.

LE RESPECT DU TERRITOIRE

Le respect du territoire de chacun est lié à la santé mentale et affective de chaque personne, et par le fait même, à la valeur même de l'individu.

Ne pas respecter le territoire de l'autre, c'est porter atteinte à son intégrité et à sa valeur. Ne pas faire respecter son propre territoire, c'est mettre en péril son intégrité et sa valeur. Le territoire, c'est notre espace physique, notre garde-robe, notre lingerie personnelle, notre lit, notre chambre, notre bureau, etc.

C'est aussi notre corps, nos cheveux, notre poids, notre sexualité, nos fesses, notre sexe, notre poitrine, notre habillement, etc.

Ce sont aussi nos idées, notre emploi du temps, nos actions, nos rêves, nos projets, nos valeurs, nos expériences, nos diplômes, notre profession ou notre situation professionnelle et même nos choix relationnels, etc.

Tout cela contribue à notre bonne santé mentale, affective et relationnelle. On se bat et des guerres éclatent tous les jours pour une question de territoire, tellement c'est important.

Se laisser envahir sur notre territoire, c'est se laisser dicter quoi dire ou ne pas dire, quoi penser ou ne pas penser, c'est laisser notre corps être touché sans en avoir donné l'autorisation, c'est se laisser dicter comment s'habiller et se coiffer, c'est laisser à l'autre le droit de nous imposer notre emploi du temps, c'est accepter les commentaires désobligeants et directifs sur nos valeurs, nos relations, nos idées, nos choix.

On se laisse envahir chaque jour (par un confrère, par exemple, qu'on laisse faire quand il dépose son matériel dans notre espace de travail sans notre approbation) et les conséquences ne sont pas toujours dramatiques, mais se faire envahir, c'est perdre un *droit*, en le laissant à une autre personne.

Le respect du territoire des autres et le respect de notre propre territoire, ça nous sécurise, ça nourrit notre estime personnelle et ça tisse des liens affectifs forts entre les membres de la famille.

LE COUPLE COMME MODÈLE

Le couple se doit d'être une fierté pour les enfants, pour qu'ils se bâtissent à leur tour. Mon père était très impliqué dans l'éducation des enfants, et j'ai répété cela naturellement avec ma fille, en complicité avec ma conjointe.

Avoir des modèles, ça aide à construire sa propre personnalité, pas dans le but de devenir l'autre. On s'inspire du modèle, on répète ces façons de faire, mais dans le but de les faire siennes.

Toutes les méthodes de formation d'apprentis fonctionnent sur le principe de l'exposition à un modèle. C'est aussi un principe de réussite reconnu. Lorsque l'enfant est en accord avec le modèle que lui proposent ses parents, il est en paix avec lui-même.

Pourquoi ? Parce que le processus d'identification au modèle parental se fait en bas âge, très jeune. Le rejet, par la suite, en vieillissant, du modèle que nous offrent nos parents, équivaut au rejet des bases de notre personnalité, ce qui rend la construction de l'avenir plus fragile, tel un édifice à qui on enlèverait un pilier de fondation : il faut le remplacer.

Bien sûr, on peut choisir consciemment, et pour diverses raisons, en vieillissant, de rejeter le modèle de parents que nous avons eu. Il faut alors trouver un modèle de couple substitut pour se construire et créer ce que nous voulons comme couple et comme famille, en fonction de nos besoins affectifs.

C'est pourquoi lorsque le modèle de parents est sain et satisfaisant, les enfants grandissent en s'appuyant sur des bases solides, qui leur servent pour l'avenir. Ils deviennent complices de leurs parents dans l'instauration de leur propre couple. Ce qui leur donnera envie d'investir du temps pour avoir une vie de couple et une vie de famille. Ils resteront ainsi proches de leurs parents et unis à eux.

TRANSCENDER LES BLESSURES FAMILIALES

Lorsque la dynamique familiale a occasionné des blessures au sein du noyau, la famille unie sait les transformer grâce à l'ouverture, à la souplesse et à la communication.

Penser qu'un enfant n'aura aucune blessure, aucune frustration ou aucun manque, c'est nier la réalité et idéaliser l'éducation. Malgré toute la bonne volonté des parents, il est impossible de répondre aux besoins des enfants en tout temps, complètement et de façon toujours adéquate.

C'est pourquoi on dit qu'en fait, dans ce qui se transmet du parent à l'enfant, l'intention est souvent plus importante que l'action. Aspirer à être le parent *parfait* nous mène à l'épuisement, car alors, il ne faut pas dire non, ne pas avoir de limites et être toujours au-devant de l'enfant, prêt à satisfaire ses moindres besoins.

Cette attitude, en plus d'épuiser le parent, fait en sorte que les enfants deviennent des enfants-rois, égocentriques, qui auront de la difficulté à composer avec la présence des autres. Le monde devra tourner autour d'eux, ce qui ne laisse pas de place à l'autre. C'est aussi la route de la dévalorisation en tant que parent, plutôt que celle de l'instauration d'une relation saine avec l'enfant.

En même temps, tenter de camoufler, de nier et de taire les blessures des enfants, par peur de se sentir coupable en tant que parent, ça entretient la rancœur et le ressentiment, en plus de conduire à la vengeance et de briser les liens familiaux.

La famille restera unie et le parent y contribuera, non en niant les blessures, mais en étant capable d'écouter l'enfant blessé, avec sensibilité, et en étant capable aussi de dire ce que cela lui fait vivre, en tant que parent, d'écouter son enfant. Il s'agit d'envisager la réalité le plus objectivement possible, si cela est approprié, pour ne pas laisser l'enfant idéaliser les intentions du parent et l'éducation qu'il reçoit.

Cet exercice nécessite d'être ouvert d'esprit afin d'écouter l'autre et y être sensible ; il faut être ouvert à la communication et à l'expression, mais non défensive, et être souple afin de s'ajuster. Aussi faut-il tenir compte des blessures de l'autre par la suite.

LA VALORISATION DU PARTENAIRE

Il est fréquent d'entendre une personne parler contre son conjoint, de façon subtile ou non ; à l'opposé, valoriser son partenaire devant les enfants, c'est l'une des caractéristiques de la famille unie.

Dénigrer son partenaire, ça laisse des images négatives chez les enfants.

Que ce soit celle qui est créée par le dénigreur (« mon père nuit à ma mère et je n'aime pas ça et je ne veux pas être comme lui. ») ou celle suscitée par le dénigré (« ma mère se laisse rabaisser par mon père, et je ne veux pas être comme elle »), l'image créée chez l'enfant est toxique.

Cela insécurise aussi les enfants au sujet du couple que forment ses parents, et au sujet de leur famille. « Allez-vous vous séparer ? » « La famille est-elle en danger ? » L'enfant qui se pose de telles questions a peur.

Enfin, cela montre un modèle de couple nuisible, qui préfère parler négativement l'un de l'autre, plutôt que de régler les non-dits et les malaises ensemble.

Valoriser son conjoint devant ses enfants, ça leur donne un modèle de valorisation du partenaire, ce qui rend la relation plus saine avec le conjoint. Ça a un effet d'entraînement : plus on le fait, plus on aime cela, et ce comportement devient de plus en plus naturel. Valoriser le conjoint devant les enfants, à partir des qualités de celui-ci, ça augmente la fierté des enfants envers leurs parents ; cela les habitue aussi à voir le bon côté des gens et de la vie et cela les habitue à apprécier les autres. Ça solidifie les liens affectifs et ça rend leur vie plus heureuse, car elle est plus satisfaisante en ce qui concerne les besoins affectifs. Tout cela fait en sorte que les enfants adoptent une attitude plus positive.

C'est aussi important, que d'apprendre à valoriser et à reconnaître chacun, tout en respectant sa différence, plutôt que d'être uniquement *dérangé* par les différences de l'autre. C'est une pratique qui, en plus de solidifier le couple, unit la famille. Valoriser le côté économe de l'autre, plutôt que d'en critiquer uniquement l'empêchement de la réalisation des projets, reconnaître les forces sociales de l'autre plutôt qu'uniquement se plaindre pour le manque d'intimité, reconnaître le rythme plus lent de l'autre qui nous équilibre, plutôt qu'uniquement ses retards.

Reconnaître le partenaire n'efface pas les dérangements que l'on peut vivre, ni le fait que l'on doive aussi composer avec et s'occuper de nos malaises dans la relation à l'autre, *ensemble*, et non devant les enfants. De plus, cette pratique fait en sorte que l'on pose un regard plus réaliste et plus équilibré sur l'autre, car comme on le sait, il y a deux côtés à une médaille.

L'ENGAGEMENT

Dans une famille unie, chaque membre reste engagé auprès de sa famille et des membres de celle-ci. L'engagement, c'est la sécurité ; c'est primordial, et c'est aussi simple que cela. C'est la sécurité pour les autres membres de la famille, mais aussi pour soi-même ; nous faisons partie de la famille.

Si je remets en question mon engagement, c'est ma propre sécurité qui est ébranlée. L'engagement, comme le dit Colette Portelance dans *Aimer sans perdre sa liberté*, c'est le pot dont a besoin la plante pour pousser.

Les membres de la famille ont besoin de sécurité affective pour évoluer. Grâce à cette sécurité, chacun a l'énergie de créer sa vie. Lorsque nous sommes sécurisants et sécurisés, il est encore plus facile d'être soutenants pour les autres membres, dans leur rôle et dans leurs tâches. Lorsque le couple et la famille vivent de l'insécurité, c'est chacun qui est déstabilisé et cela peut avoir des répercussions sur les plans de la santé, du sommeil, et de la vie professionnelle et sociale, ou sur le plan des études.

Comment rester engagé envers sa famille ? En cherchant des solutions pour faire face aux difficultés, et en trouvant les causes des malaises pour orienter notre réflexion, plutôt qu'en blâmant l'autre.

Rester engagé présente en même temps, par le processus d'identification, un modèle aux enfants de prise en charge de leurs besoins face à leurs défis de vie, plutôt que le fonctionnement de déserteur et de fuite devant les difficultés et les peurs.

En conclusion, ces treize caractéristiques, en plus d'unir la famille, ont un impact certain en ce qui concerne la confiance en soi et la confiance en chaque membre de la famille. Ces caractéristiques influencent la sécurité affective et la capacité de chaque membre de la famille à prendre son envol et à se créer. En outre, plus la famille est un noyau solide, moins chacun est sujet à la dépendance. C'est pourquoi il est important de tenir compte de ces caractéristiques. Grâce à ces actions et à ces attitudes, les besoins affectifs sont comblés.

Chapitre 7

La formule gagnante de la famille unie

La formule gagnante de la famille unie commence par la mise en place de la formule gagnante du couple fort.

Par effet d'ascendance, s'y ajoutera la formule de la famille unie, par les valeurs qu'elle véhicule, et par le modèle qu'elle est et qu'elle transmettra.

Il s'agit de se rappeler tout d'abord que ce sont les parents qui aiment les membres de leur famille et qui les encadrent, et ce, dans le but que les enfants grandissent sainement.

Ce qui s'ajoute donc à la formule gagnante du couple fort, qui se définit ainsi : l'art de conserver une distance psychologique saine entre deux partenaires, de par leur personnalité distincte, par l'affirmation des différences de chacun et par l'expression des non-dits et de la vérité intérieure de chacun. Ceci à l'intérieur d'un espace de sécurité affective entourant les partenaires du couple, par l'engagement, le choix et la communication, tout en initiant des rencontres intimes et ponctuelles pour maintenir l'amour vivant. Les enfants viennent immédiatement après, créant ainsi la famille, sécurisée sur le plan affectif. Et les parents ont une vie personnelle et sociale indépendante.

La formule gagnante de la famille unie

1 distance psychologique saine
2 deux partenaires
3 deux espaces de sécurité affective
4 rencontres intimes entre chaque membre de la famille à deux ou à plusieurs
5 enfants
6 vie personnelle et sociale

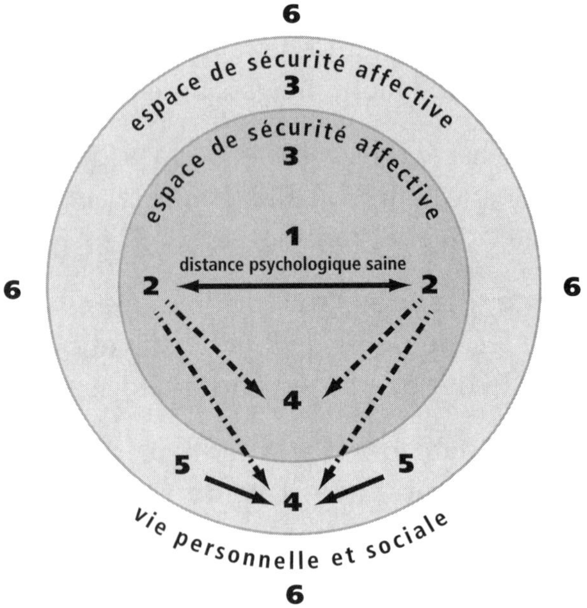

Pour la famille unie, c'est une nouvelle sécurité qui s'ajoute à celle du couple, autour du couple, plus grande. Cette sécurité repose sur l'amour et la communication des parents, ainsi que sur l'encadrement, qui ne change pas au gré du temps. Ce qui laisse de la place aux autres membres distincts du groupe en fonction de leur personnalité, de leurs affirmations et de leur liberté d'expression. Le tout ponctué de rencontres parfois ritualisées, dans le but de conserver les liens solides qui unissent les membres de la famille et favorisent l'envol des enfants afin qu'à leur tour, ils créent leur propre nid.

Chapitre 8

Séparation et divorce : impacts sur la famille

Est-ce que la famille cesse d'exister parce que les parents divorcent ? Parfois, on aimerait que ce soit le cas. Et parfois non. Et vous, qu'en pensez-vous ? La famille existe-t-elle encore après une séparation ou un divorce ?

La réponse, si l'on aborde la question rationnellement, peut sembler évidente. Mais dans la pratique, elle est plus difficile à donner.

Si vous avez déjà vécu l'expérience, qu'avez-vous fait ? Si vous aviez à la vivre, que souhaiteriez-vous, et qu'aimeriez-vous faire ? Car tout est possible.

La preuve, c'est que j'ai connu des gens qui, à la suite d'une séparation, ont complètement coupé les ponts avec l'autre conjoint et les enfants. D'autres ont préservé les liens familiaux, soit par des rencontres mises à l'horaire longtemps d'avance ou par leur participation à des événements ponctuels, comme la fête de l'un des enfants, par exemple, par le maintien de la communication entre les parents et les enfants ou par le partage des responsabilités face aux enfants, les transports, les cours, etc.

D'autres ne maintiennent que les apparences, qu'un minimum, « je vois les enfants parce que je suis obligé et je m'investis le moins possible. »

Une séparation demeure un événement souffrant. On fait ce choix très souvent déchirant dans l'espoir d'une vie meilleure, bien sûr. Mais plusieurs aspects de la séparation sont souffrants. Par exemple : la perte de l'autre, de la famille que l'on rêvait d'avoir (le deuil de la famille, en fait), les pertes financières et matérielles, la solitude, la peur de ne pas rencontrer quelqu'un d'autre.

C'est pourquoi, lorsqu'on fait ce choix, il est dangereux de prendre sa décision dans le but de *souffrir le moins possible*. Il est parfois difficile de savoir si l'on prend une décision qui comblera nos *besoins* ou une décision dans le but de fuir la souffrance. Choisir la fuite de la souffrance, c'est un choix qui a des impacts à court terme ; choisir l'acceptation du deuil, de la recherche de notre bien-être et de celui de nos enfants, c'est un choix qui a des impacts à moyen et à long terme.

Nombre de fois, j'entends dans mon bureau des gens qui se sentent « débarrassés et soulagés » de l'autre en divorçant. Et c'est souvent avec déception qu'ils réalisent qu'ils ont tort. Parce que lors d'une séparation, nous sommes tout d'abord mis en face des lois et des aspects juridiques (patrimoine familial, pensions alimentaires, garde des enfants), ce qui nous oblige à garder contact avec l'autre. Puis, les connaissances demandent : « Comment ça va ? » ; puis ce sont les amis communs, que nous croisons et revoyons, nos enfants eux-mêmes – qui le sont pour la vie ! – puis la famille, et la belle-famille. La belle-famille (nous savons très bien que pour eux, il était temps que l'autre nous laisse) nous juge, en fait ; nous devrons vivre avec le nouveau conjoint de l'autre, ou même le nôtre, qui pose des questions concernant cette ancienne relation. Il y a la maison que nous avons gardée ou perdue, le quartier que nous revoyons à l'occasion ou que nous avons continué d'habiter pour les enfants. Les objets qui nous ramènent à notre ancien couple (le divan, la voiture, le chalet), puis les restaurants, puis les activités que nous avions l'habitude de faire avec notre ex-conjoint.

Parfois, même, nous revoyons notre ex-conjoint à travers notre nouveau partenaire, à travers ses attitudes, et nous avons peur de répéter avec lui les mêmes erreurs, ce qui nous met dans une attitude défensive. En traînant ainsi le fantôme de notre ex-partenaire, nous nous retrouvons face à face avec des souvenirs que nous tentons d'oublier, ou que nous ne voulons pas perdre.

Pour tout laisser de côté, il faudrait devenir amnésique et changer de pays ; la réalité, c'est que même après un divorce, la famille existe encore. C'est un leurre de penser qu'à la suite d'une séparation, elle n'existe plus.

Les systèmes relationnels qui caractérisaient la famille continuent toujours d'exister, même si les conjoints sont séparés. On se chicanait pour l'argent, on continue. On se chicanait sur le point de vue différent que nous avions sur l'éducation de notre enfant, on le fait encore, et parfois même davantage. On se chicanait parce qu'on avait l'impression que l'autre prenait plus pour son fils que pour nous et on le fait encore. On était pris dans une dynamique bourreau-victime et ça continue, on était pris dans un fonctionnement abandonnique et déserteur, supérieur et inférieur, et ça continue. La relation familiale continue, mais sous une autre forme.

Il y a une différence lorsque, malgré la séparation, les attitudes *défensives* sont maintenues ou non. Cette différence est possible grâce à l'acceptation de nos émotions souffrantes ou le refus de les reconnaître, de les ressentir et de les partager. Dans ce dernier cas, l'énergie servira à se débattre contre de telles émotions plutôt que de faire des choix aidants pour tous. C'est pourquoi les caractéristiques d'une famille unie mentionnées plus haut tiennent encore ici, que la famille soit divorcée ou non, recomposée ou non.

Cas vécu

Par exemple, je pense à Philippe. Il avait quitté sa femme, car il s'ennuyait avec elle. D'abord, il voulait être plus libre, puis il était exaspéré d'avoir l'impression de toujours devoir la prendre en charge financièrement. Elle manquait de confiance en elle, selon lui. Il voulait une femme plus indépendante et plus sûre d'elle.

Une fois séparé, il a tout fait pour l'éviter, comme avant le divorce d'ailleurs, ce qui fit perdurer le système abandonnique et déserteur. Le conflit pour la pension alimentaire s'est réglé assez rapidement, mais il y eut des discussions autour des multiples frais non prévus, comme avant, ce qui donna à Philippe la conviction que son ex-conjointe ne se prenait toujours pas en main.

Les enfants, pour leur part, se rangèrent du côté de la mère, car ils la voyaient souffrir. Pour eux, c'était le père qui avait divisé la famille : il avait encore le rôle du coupable dans la famille.

Vous aurez donc compris, comme je le mentionnais plus haut, que la famille existe toujours, mais sous une autre forme et les dynamiques familiales insatisfaisantes *continuent*. Ce n'est pas la séparation qui change cela, mais la communication non défensive, qui est possible, même après une séparation.

Chapitre 9
Rappel concernant le rôle de la famille

Fonder une famille, c'est d'abord une question **d'amour et d'encadrement**. Mais il arrive parfois qu'au quotidien, avec le travail et les responsabilités, on perd le sens de la famille. Il est important de se rappeler que le couple et la famille sont à la base de notre sécurité affective.

Ils sont aussi à la base de l'estime de soi. Lorsqu'on se sent respecté, aimé, reconnu et valorisé au sein de notre famille, cela nous donne l'élan pour créer notre vie.

Le couple que forment les parents et la façon dont ils vivent servent de modèle à l'enfant, et l'attitude qu'il développera – dans sa vie amoureuse, sociale ou professionnelle – est directement tributaire de ce modèle. De multiples façons, on façonne – à tout le moins on influence –, l'attitude positive ou défaitiste de nos enfants face à leur vie. On leur propose un modèle d'apprentissage des aptitudes sociales. Bien sûr, on peut se sentir coupable en tant que parent, lorsqu'on s'arrête aux manques que l'ont a eus, aux erreurs que l'on a faites, aux regrets que l'on éprouve ; c'est probablement l'une des premières émotions que l'on tente de fuir. Mais si l'on n'adopte pas une aptitude qui nous permettra de faire face à ces questions, comment pourra-t-on pallier nos manques face à nos enfants ?

Se rappeler le rôle de la famille et le nôtre en tant que parent devient notre motivation et nous oriente dans notre façon de créer notre famille et l'encadrement que l'on y met. Il est essentiel de savoir et de se rappeler que les enfants ont besoin de sécurité et d'amour, et ils ont besoin d'être valorisés.

Nous les aimons et les sécurisons en les encadrant, en les acceptant, en communiquant, en les encourageant, en les valorisant et en leur faisant confiance.

Il est important qu'en tant que parent, pour offrir cela à nos enfants, nous ayons une la relation amoureuse nourrissante. Il est difficile d'aimer et de sécuriser nos enfants si nos propres besoins affectifs ne sont pas comblés dans notre relation amoureuse. Je vous ramène ici aux cercles de priorités évoqués plus tôt : au centre, *soi-même*, notre propre bien-être, puis notre couple et sa santé, suivi immédiatement des enfants et du bien-être de notre famille.

Il faut donc voir à s'écouter, à se respecter, à s'exprimer, à se créer, à prendre soin de son corps et de sa santé, et de sa vie affective d'abord, pour ensuite prendre soin de sa vie de couple et s'y investir ; puis, on apprend à connaître les règles saines d'une famille unie et équilibrée. Vient ensuite notre vie sociale.

Il faut sans cesse travailler sur soi, sur tous ces plans, car la perfection n'est pas de ce monde.

La famille, c'est la base et le tremplin pour les enfants.

Quand ça va bien dans le couple, tout va mieux. Quand ça va bien dans la famille, tout est plus facile.

Chapitre 10

L'identité comme guide pour la construction de la famille

Notre identité, c'est nous. Notre identité est constituée de notre hérédité, de nos blessures, de nos manques, de nos peurs et de nos besoins. Et être fidèle à notre identité, c'est retrouver nos racines, puisque l'identité se crée à partir de nos modèles et de nos expériences passées. Respecter son identité, c'est aussi baser sa vie sur les valeurs que l'on a reçues.

Être à l'écoute de son identité, c'est être à l'écoute de tout ce que nous sommes. Et cela, sans jugements, sans rejet de soi. Sans faire fi de ce que je suis. C'est créer sa vie à partir d'un processus de changement créateur, qui consiste justement à *cesser de se changer* pour devenir de plus en plus soi-même, comme l'a bien démontré Colette Portelance dans le livre *Relation d'aide et amour de soi*. Ce processus suppose l'écoute et l'observation de soi, pour mener à une certaine prise de conscience, à l'acceptation de ce que je ressens, à la responsabilisation, à l'expression de ce que je vis, à la connaissance de soi ; s'ensuit une forme de passage à l'action en fonction de qui je suis réellement.

Être à l'écoute de son identité, vous aurez compris à quel point ce n'est pas banal, car c'est un geste d'amour de soi, répété chaque jour. Et ce, devant une multitude de choix à faire, d'actions à poser, et de paroles à dire.

On perd son identité lorsque l'on rejette ce que l'on ressent, soit nos émotions, nos peurs, nos besoins et nos limites. Ceci survient souvent lorsque l'on s'est créé une identité en opposition avec nos modèles. Renier ses modèles, c'est renier la source de son identité. À rejeter ainsi nos racines, c'est nous-mêmes que l'on perd. « Je ne veux pas être comme mon père, je ne veux pas être comme ma mère » ; dans cette expression négative, je perds de vue la personne que je suis réellement.

Construire sa vie de couple et sa famille, c'est considérer d'abord son identité. C'est pourquoi il est important, dans ce geste d'amour de soi, de faire la paix avec ses modèles, ses expériences passées, et avec ce je suis aujourd'hui. Car comme le dit l'approche humaniste, chacun possède en soi le désir de grandir, d'évoluer et d'être heureux. Pour ce faire, nous avons besoin de reprendre contact avec la personne que nous sommes.

Les blessures non entendues, les traumatismes non libérés, les peurs non entendues, les expériences douloureuses non évacuées, les mécanismes de défense non reconnus et non dénoncés, le non-respect de soi, ainsi que le manque d'amour de soi nous coupent de nous-mêmes.

Mais là, en soi, au cœur de soi, grâce à l'écoute de toutes ces composantes qui font partie de notre identité d'homme et de femme se trouvent réponses au bonheur, à notre bonheur. On en prend conscience en s'écoutant en tant qu'homme, en tant que femme. On aimerait souvent qu'il existe une personne qui connaît ces vérités nous concernant, un aidant naturel, un parent ou un ami, un clairvoyant, un psychologue ou un thérapeute (de quelque approche ou formation que ce soit). Nous aimerions qu'une telle personne sache ce que nous avons à faire ou ce que nous devrions faire. Cela nous sécuriserait puisque nous aurions une route toute tracée ; mais la réalité, c'est que c'est nous seuls qui détenons ces informations, et un aidant, ce n'est pas une personne qui nous révélera notre vérité, mais une personne qui nous aidera à être à l'écoute de notre propre vérité intérieure, qui nous aidera à prendre conscience du fait que nous sommes coupés de notre *émetteur* intérieur, qui nous aidera à faire la différence entre nos choix basés sur la fuite de nos peurs, et nos choix basés sur la satisfaction de nos besoins.

Être à l'écoute de soi et agir en fonction du respect de soi ne peut que nous mettre sur la route du bonheur. « Si je m'écoute, je ne choisis pas cette route, cette personne, car ça va à l'encontre de mon bonheur et de moi-même. » En contrepartie, il existe une autre possibilité : « Je choisis cette route, cette personne, car ça contribue à mon bonheur. » Je vous encourage à être à l'écoute de vous. C'est non seulement un geste d'amour de soi, mais en plus, ça montre que l'on a confiance en soi.

C'est pourquoi respecter son identité, ça nous aide à construire notre vie de couple et notre vie de famille. Il est important de se rappeler que c'est une des dimensions des plus importantes pour la satisfaction de nos besoins et l'atteinte de notre équilibre émotionnel.

Ce processus nous amène aussi à reconnaître nos besoins distincts en tant qu'homme et en tant que femme, qui nous viennent des modèles de père et de mère que nous avons eus, ainsi que de nos expériences passées en milieu familial, mais aussi du conditionnement social et culturel. Et ce, dans le but de reconnaître, d'accepter et d'assumer sa différence en couple et en tant que couple.

Par exemple, on peut être une personne très indépendante socialement et professionnellement, et du même coup, en couple, être une personne vulnérable, qui vit de l'insécurité, et qui est dépendante de l'autre.

On peut aussi, entre autres et d'une façon positive, se valoriser en tant qu'homme en jouant le rôle de pourvoyeur. Ou, en tant que femme, être très à l'aise dans son rôle maternel, en prenant soin physiquement des siens.

Je pense ici à Éric, qui me confiait que depuis un certain temps, il avait découvert qu'il aimait ouvrir les portes à sa conjointe. Il s'en était toujours empêché, car il jugeait que c'était *téteux*. Cela le bloquait. Mais outrepassant ce jugement, il ressentit profondément en lui – dans ses racines d'hommes –, que c'était une façon de démontrer à sa conjointe qu'il aimait prendre soin d'elle et qu'elle était importante.

Il est important d'apprendre à reconnaître la personne que je suis, en tant qu'homme ou femme, et ce que je *deviens en couple*, dans le respect de mon identité personnelle. Si j'ai des blessures, c'est l'occasion de m'en occuper, avec l'autre. Si j'y retrouve mes valeurs, je les respecte. Si je remarque des besoins, je les comble, si j'y retrouve ma nature affectueuse, ma nature protectrice, responsable (qui sont qui je suis tant qu'homme ou en tant que femme), j'en tiens compte. Je suis là pour me réaliser, en tant que conjoint et parent.

Si j'y trouve ma peur de l'engagement, ma tendance à être surprotecteur, c'est l'occasion de travailler sur moi pour me réaliser et transformer ce qu'il y a de souffrant chez moi. Tout ce qu'on rencontre en soi, ce qui vient de soi, demande à être écouté ; il faut être ouvert et communiquer, faire preuve de discernement, afin de se construire une vie personnelle heureuse, une vie de couple forte et une famille unie, pour son propre bonheur.

EXERCICE : APPRENEZ À VOUS CONNAÎTRE ET À VOUS DÉFINIR EN TANT QUE CONJOINT

Décrivez l'image que vous avez du couple que forment vos parents :

(solitude, complicité, conflit, personnes responsables, négation de soi, dévotion, etc.)

....

....

....

....

....

....

....

....

Dites en quoi cela vous influence en tant que conjoint, que ce soit positivement ou négativement :

(peur du conflit, tendance à la soumission, désir d'assumer la sécurité financière de la famille, tendance à l'irresponsabilité, besoin de communication, besoin de se sentir amoureux, manque de liberté, etc.)

....

....

....

....

....

....

Identifiez vos peurs en tant que conjoint :

(peur de perdre l'autre, peur de perdre votre liberté, peur d'être abandonné, peur d'être jaloux, etc.)

....

....

....

....

....

....

Dites comment vous tenez compte de vos peurs en relation avec l'autre et si ce n'est pas efficace, voyez comment vous pourriez faire autrement :

(j'évite les événements « déclencheurs », je fais des demandes, je parle de mes peurs, etc.)

....

....

....

....

....

....

Identifiez vos blessures, rouvertes par la dynamique de votre relation amoureuse : (trahison, non-reconnaissance, abandon, rivalité, jalousie, non-importance, etc.)

....

....

....

....

....

....

....

Dites comment vous pansez vos blessures en relation avec l'autre, et si ce n'est pas efficace, voyez comment vous pourriez faire autrement :

(leur donner le moins d'importance possible, éviter le sujet, demander à l'autre comment agir avec moi, parler de mes blessures avec sensibilité, etc.)

....

....

....

....

....

Identifiez vos limites en tant que conjoint :

(me faire dire quoi faire, être contrôlé, ne pas s'occuper de moi en présence des autres, ne pas gérer le budget, avoir une aventure, me toucher lorsque je n'en ai pas envie et de façon brusque, me forcer à parler lorsque je ne suis pas prêt, me parler en me culpabilisant, etc.)

....

....

....

....

....

Dites comment vous tenez compte de vos limites en relation avec l'autre, et si ce n'est pas assez efficace, voyez comment vous pourriez faire autrement :

(en m'éloignant en me mettant en colère, en disant à l'autre qu'il n'est pas mieux, en lui montrant qu'il a aussi besoin de ça, en lui exprimant ce que je vis de façon sensible et responsable, etc.)

....

....

....

....

....

Identifiez vos besoins spécifiques en tant que conjoint :

(être touché chaque jour, me faire dire « je t'aime » chaque jour, que l'autre s'intéresse à moi en présence d'autres personnes, être accepté sur le plan sexuel, etc.)

....

....

....

....

....

....

Dites comment vous tenez compte de vos besoins spécifiques en relation avec l'autre, et si ce n'est pas assez efficace, voyez comment vous pourriez faire autrement :

(lui faire deviner par des messages, me mettre en colère, être silencieux, m'éloigner, m'exprimer clairement tout en étant à l'écoute de l'autre, etc.)

....

....

....

....

....

....

EXERCICE : APPRENEZ À VOUS DÉFINIR EN TANT QUE PARENT

Décrivez l'image que vous avez de vos parents en tant que parent :

(à l'écoute des enfants, mère présente, père absent, dévotion pour les enfants, éducation stricte, performance, agressivité, punition, abus, parents amoureux, beaucoup de place accordée aux enfants, pas d'importance aux enfants, modèles de performances et de perfection, etc.)

....

....

....

....

....

....

Dites en quoi cela vous influence en tant que parent, que ce soit positivement ou négativement :

(éviter les conflits à tout prix devant les enfants, présenter un modèle de soumission devant les enfants, offrir la sécurité financière aux enfants, offrir une bonne éducation aux enfants, montrer le sens des responsabilités aux enfants, montrer l'importance de la communication aux enfants, montrer aux enfants qu'on les aime, être exigeant envers eux, etc.)

....

....

....

....

....

....

....

Identifiez vos peurs spécifiques en tant que parent :

(marquer négativement mes enfants par ma colère ou par mes abus, perdre mes enfants, me sentir coupable, ne pas être un bon parent, étouffer sous les responsabilités, de ne pas être aimé de mes enfants, etc.)

....

....

....

....

....

....

Dites comment vous tenez compte de vos peurs en relation avec vos enfants, et si ce n'est pas assez efficace, voyez comment vous pourriez faire autrement :

(en parler en thérapie, en parler à mon conjoint, dominer mes peurs, contrôler mes peurs, surpasser mes peurs, etc.)

....

....

....

....

....

Identifiez les blessures qui sont rouvertes dans la relation avec vos enfants :

(abandon, non-reconnaissance, difficulté à assumer mon autorité, abus ; peur de ne pas être à la hauteur, de ne pas être aimé, etc.)

....

....

....

....

....

....

Dites comment vous tenez compte de vos blessures en relation avec vos enfants, et si ce n'est pas assez efficace, voyez comment vous pourriez faire autrement :

(suivre une thérapie, en parler à mon conjoint et/ou à mes enfants ; oublier mes blessures, panser mes blessures, aller au-delà de mes blessures, etc.)

....

....

....

....

....

Identifiez vos limites spécifiques en tant que parent :

(mensonge, sens des responsabilités, silence, autodestruction, autosabotage, manque de respect, etc.)

....

....

....

....

....

....

Dites comment vous tenez compte de vos limites en relation avec vos enfants, et si ce n'est pas assez efficace, voyez comment vous pourriez faire autrement :

(en punissant mes enfants, en leur faisant prendre conscience des conséquences de leurs gestes, de leurs paroles, en leur parlant, en me mettant en colère, en parlant à mon conjoint, etc.)

....

....

....

....

....

Identifiez vos besoins spécifiques en tant que parent :

(être sécurisé, connaître les allées et venues de nos enfants, mettre la priorité sur la relation et non pas sur la les règles, mettre la priorité sur les règles et non pas sur la communication, etc.)

....

....

....

....

....

Dites comment vous tenez compte de vos besoins spécifiques en relation avec vos enfants, et si ce n'est pas assez efficace, voyez comment vous pourriez faire autrement :

(leur faire assumer les conséquences de leurs gestes, de leurs paroles, leur imposer des limites, communiquer et rendre l'autre sensible à ce qu'il dit, à ce que je dis, parler à l'enfant, bouder, rejeter mes enfants, etc.)

....

....

....

....

....

La relation amoureuse et la relation avec nos enfants nous mettent face, et ce, d'une façon bien précise, à ce que nous avons connu comme modèle de parent et de famille. Apprendre à tenir compte de son identité d'homme et de femme, dans ces conditions, nous ramène à ces modèles de parents. Et c'est une autre piste de travail afin de mieux se connaître et de se réaliser, ce qui nous permet d'être en paix, et de vivre dans l'harmonie et l'amour.

Chapitre 11

Choisir la paix, l'harmonie et l'amour

On choisit de s'engager dans une vie de couple et de fonder une famille parce qu'on cherche le bonheur. Pour y arriver, on travaille sur soi, on s'implique dans la relation, on s'engage, on applique des méthodes gagnantes, on fait des efforts et des compromis, parfois même on dépasse nos limites, on va au-delà de nos peurs, on change nos habitudes, on demande que l'autre fasse aussi son bout de chemin. Bref, on y met beaucoup de temps et d'espoir. Et on y consacre une grande partie de sa vie et de son énergie, dans le but d'être plus heureux.

Mais ce que j'ai constaté dans ma vie, et que je constate dans ma pratique professionnelle, c'est que parfois, il y a sabotage, en raison de l'un des partenaires, ou même des deux. C'est alors la lutte de pouvoir.

Au cours de la vie à deux, un jour ou l'autre, nous sommes mis en face de quelque chose qui ne changera pas, autant chez soi que chez l'autre. Que ce soit un tempérament colérique, un rythme lent, une personnalité lunatique, une tendance à dépenser l'argent, un penchant pour l'alcool, un comportement de dépendance au travail, et bien d'autres. Je vous propose de vous arrêter maintenant, et de prendre conscience de ce que vous vivez – en couple. Ce changement ne peut se faire, soit parce que ça irait à l'encontre de ce que vous êtes, soit parce que c'est une chose ancrée très profondément, donc difficile à changer, et qui demanderait du temps. Ce qui peut devenir une source de conflit sans fin, une source d'émotions souffrantes, qui peut occasionner des systèmes relationnels qui usent la relation . Dans ce cas aussi, un choix devra être fait, après, bien sûr, avoir travaillé sur soi et communiqué avec l'autre.

C'est à ce moment qu'il y a des conflits qui ne cessent pas. Il devient alors difficile, voir impossible à ce moment, que le couple se ressource, qu'il se retrouve, que la famille se rapproche et vive de bons moments. Il y a donc, à un moment, un choix à faire en relation amoureuse et en famille. C'est souvent après des discussions, après avoir fait ce que l'on devait faire et ce que l'on pouvait faire qu'un choix s'impose.

La difficulté à choisir la paix, l'amour et l'harmonie touche l'orgueil. Ce choix implique la lutte de pouvoir entre les partenaires et la capacité à se faire du bien. Choisir la paix, l'amour et l'harmonie, ce n'est pas de la soumission, de la négation, mais bien un choix, un acte, une parole, un geste posé dans le but de se faire du bien.

C'est le moment où l'on se regarde, après la discussion, la tempête, et que l'on s'entend pour dire : « On arrête de se chicaner. À moins que tu aies autre chose à dire ? » Et l'autre répond : « Non, moi, ça va. J'ai dit ce que j'avais à te dire là-dessus, et je vais y revenir plus tard, s'il y a autre chose. J'ai juste envie d'être bien avec toi en ce moment ! Alors, c'est d'accord pour moi. » Puis, vient le moment de laisser de côté la lutte de pouvoir. « Est-ce que je peux m'approcher de toi ? » Et l'autre de répondre : « Oui, viens, mon amour ! »

Cette attitude permet de se retrouver, de nourrir les sentiments positifs que l'on a l'un envers l'autre, malgré les imperfections de notre relation, même si tout n'est pas réglé. On en a parlé, je t'ai entendu, tu m'as entendu, on a proposé des solutions ou on ne sait plus quoi dire ou quoi faire d'autre. Ce n'est peut-être pas terminé, on n'a peut-être pas de solutions, mais pourquoi on s'empêcherait de s'aimer, de passer du bon temps, même si tout n'est pas réglé ? Pourquoi tout saboter parce qu'il y a quelque chose qui ne va pas ?

Cas vécu

Sur ce plan, je dois reconnaître que c'est souvent ma blonde qui a initié ce geste dans notre relation, qui m'a appris à lâcher prise. Je me rappelle particulièrement d'un temps où, pour ma conjointe et moi, il était très important de s'affirmer, c'est-à-dire de ne plus accepter des choses qui nous déplaisaient. Cette période d'affirmation mutuelle suivait une autre période de silence. En fait, on évitait les conflits par peur de perdre l'autre, et on ne se respectait plus.

Puis, vint cette période de « C'est terminé maintenant de faire uniquement ce que toi tu veux et désires, et de me taire. Maintenant je m'affirme, je me choisis et le reste t'appartient. » On s'est choisi l'un l'autre. On s'est affirmés. C'était la chose à faire. L'on ne vivait plus dans le silence qui tue l'amour. C'est à ce moment, je me rappelle très bien, qu'on s'est regardés, comme des boxeurs fatigués de se battre. Et on s'est dit, « On arrête ? Tu me manques ! J'ai envie de me rapprocher de toi. » Ce que nous fîmes. Et comme c'est excellent de s'affirmer en relation, il ne faut pas perdre cela. On a profité de notre amour, en paix et dans l'harmonie.

Ce que nous continuons à faire. Et que je vous encourage à faire aussi.

Et sachez que vous n'êtes pas seuls à vivre des conflits au sein de votre couple.

C'est ce que nous verrons au prochain chapitre.

Chapitre 12

Sommes-nous seuls à trouver la vie de couple difficile ?

C'est une question que j'entends régulièrement, que ce soit en pratique privée, en conférence ou lors de formations. Elle reflète en fait l'inquiétude d'être un couple « à problèmes ». L'inquiétude de vivre plus de difficultés que les autres. L'inquiétude donc, d'être un couple avec peu de chances d'être heureux. Elle signifie aussi : « On serait peut-être mieux de se quitter, d'aller voir ailleurs. »

Savoir que nous ne sommes pas seuls à trouver ça souffrant et difficile, la vie de couple, ça nous encourage et ça nous donne le goût de faire face aux difficultés, plutôt que d'abandonner.

Non ! Vous n'êtes pas seuls à trouver ça difficile, la vie de couple. J'ai déjà entendu, lors d'une conférence sur le couple : « Dans la vie de couple, c'est tantôt le paradis et tantôt l'enfer. » La vie de couple occupe une place prépondérante dans nos vies aussi ; quand ça va bien, c'est vraiment bon, et quand ça va mal, c'est vraiment souffrant.

Dans le but d'encourager les couples, il y a deux points que je veux aborder ici. Le premier, c'est le danger du découragement, à cause des conflits et des difficultés rencontrées ;

l'autre concerne la culpabilité comme élément saboteur ou comme élément constructif de la vie de famille et de notre rôle de parent.

D'abord, il y a une introjection concernant la vie de couple que j'entends régulièrement, que j'ai moi aussi portée pendant plusieurs années, et qui souvent, et malheureusement, participe à plusieurs ruptures amoureuses, plusieurs déchirements et souffrances. Cette fausse croyance ressemble à peu près à ceci : on croit que s'il y a des conflits dans la relation amoureuse, cela signifie que l'on n'est pas faits pour être ensemble, que l'on n'est pas faits l'un pour l'autre, que l'on ne s'aime pas vraiment. Au contraire, on remarque que les couples qui ne s'aiment pas vraiment vivent très peu de conflits ; chacun des partenaires est indifférent à l'autre.

C'est pourquoi je peux vous affirmer que c'est tout le contraire. C'est justement parce que nous avons des sentiments amoureux l'un envers l'autre, et que l'autre est important pour nous, qu'il y a des conflits. C'est pour cela que je réagis autant. C'est le signe de que l'autre est important pour moi.

L'exemple que je donne en conférence est le suivant. Mon voisin me dit, par exemple : « Je pars pour deux mois en voyage. » Je lui dis : « Bon voyage ! » Et je me dis même : « Tu peux partir trois mois si tu veux ! » Ce n'est pas parce que je le déteste. Mais si ma conjointe ou ma fille me dit la même chose, ce n'est pas pareil ! Je risque fort de réagir, d'avoir des émotions, d'avoir peur, de me sentir abandonné, de me sentir en colère, de vouloir la contrôler, de me sentir rejeté, etc. C'est parce que cette personne est importante pour moi, que l'on se met dans un tel état. Ce n'est donc pas par manque d'amour, au contraire.

En ce sens, il s'agit d'apprendre à gérer l'intensité de nos sentiments. Sinon, il faut chercher une personne qui n'a pas d'importance pour nous, que l'on n'aime pas.

Lorsqu'on a cette fausse croyance, il est important de faire une thérapie par la méthode de libération des introjections – des fausses croyances – avec un thérapeute en relation d'aide (TRA).

Je suis conscient du fait que la culpabilité ressentie par les parents est particulièrement souffrante. Je me sens parfois coupable moi aussi en tant que père, et ce, malgré mes connaissances et mes bonnes intentions. Et j'entends souvent cela de la part des gens que je reçois en consultation, que je rencontre en atelier et en conférence. Il est vrai aussi que ce sentiment de reproche envers soi-même n'aide pas vraiment au cheminement de la prise de conscience et de la transformation vers plus de satisfaction en tant que parent, mais la réalité est que la culpabilité en tant que parent est là, et elle nous parle, soit de nos erreurs réelles qui demandent à ce qu'on les reconnaisse, soit de notre tendance morale à nous culpabiliser nous-mêmes de façon exagérée par rapport à la réalité, soit aussi de nos intentions élevées que nous n'arrivons pas toujours à actualiser face à nos enfants. C'est à nous de voir de quoi elle nous parle, cette culpabilité que l'on ressent.

Mais le but, c'est d'être plus heureux et ici, c'est d'être plus heureux en tant que parent. C'est pourquoi il est essentiel d'être conscient de sa culpabilité, de ne pas s'en défendre. D'apprendre à faire preuve d'empathie à son endroit pour justement savoir de quoi elle me parle, cette culpabilité, afin de réajuster le tir. Ai-je été à l'encontre d'une de mes valeurs en appliquant certaines règles avec mon enfant ? Ai-je été sur la défensive à son endroit ? Car notre attitude défensive fait souvent que l'on se sent coupable. Cette introspection se fait dans le but de faire les ajustements qui s'imposent, pour être en harmonie avec soi-même et avec nos enfants. Tout en jouant bien sûr, notre rôle d'éducateur.

C'est justement à partir de ma sensibilité aux couples qui se découragent lorsqu'il y a des conflits et ma sensibilité au rôle de parent que je vous offre ici une partie de notre histoire de couple et de famille, qui n'est pas parfaite justement, mais qui est parsemée d'écoute, de communication et d'ajustement dans le sens d'un plus grand bonheur. Notre histoire se compose de trois étapes.

Cas vécu

La première étape fut notre rencontre. Marie-Josée et moi, nous nous sommes rencontrés alors que nous avions dix-huit ans. Ce fut, comme pour plusieurs, la fusion ; c'est souvent la première étape de la relation amoureuse. On avait l'impression d'avoir trouvé l'âme sœur. Ça semblait être le havre tant recherché. On était pareils. Et nulle part ailleurs, nous n'avions, ni l'un ni l'autre, deux personnes s'entendre aussi bien.

Malgré cela, l'engagement fut difficile. Dire oui à une personne, c'est refuser toutes les autres. Ce fut une période de non-communication, d'insécurité, de remise en question, de phases constituées tantôt d'amour, et tantôt de souffrances, et nous nous séparâmes.

On faisait alors ce que l'on pensait que l'on devait faire pour construire une relation amoureuse. On croyait que l'amour était le remède à tout. Mais ce n'était pas le cas. Puis, vint Dahlia, notre fille. Ce fut la deuxième étape.

Une autre séparation survint. Cette fois-ci, encore plus douloureuse, plus souffrante, car il y avait un enfant. C'est d'ailleurs pourquoi nous sommes revenus ensemble. Avec la ferme intention de ne plus nous séparer. Nous sommes allés chercher de l'aide en thérapie, nous avons suivi des formations et nous avons lu des livres. Nous *avons bien compris à ce moment que, comme le chante justement Céline* Dion, *l'amour ne suffisait pas.* Notre *communication était déficiente, on ne se parlait pas des émotions désagréables, seulement des émotions agréables.* Donc, *pas de conflits, mais un trop-plein de malaises.* Nous *avons appris à parler de nos malaises pour cesser de les refouler et pour ne plus nous quitter.*

D'*accord, on ne se quittait plus.* Mais *en nous affirmant, nous ne tenions plus compte de l'autre.* Donc, *parce que nous avons cherché de l'aide, nous avons appris non seulement à nous exprimer, mais de façon responsable.* C'*est-à-dire, apprendre à parler au « je » plutôt qu'au « tu ».* Les *conflits diminuèrent de beaucoup.*

Mais *il restait un élément important.* Choisir ! Choisir *l'autre tel qu'il est vraiment et pas comme nous aimerions qu'il soit.* Ce *qui nous a permis de nous investir davantage, ce fut notre fille.* C'*est avec beaucoup de souffrances que plusieurs parents et éducateurs prennent conscience que certaines attitudes et certaines souffrances de leurs enfants sont dues à la relation amoureuse déficiente des parents.* Les *enfants deviennent ainsi des miroirs des dysfonctionnements du couple.* C'*est la troisième étape de notre relation.*

La *dernière fois que nous nous sommes séparés,* Dahlia, *notre fille, avait autour de neuf ans.* Le *fond de notre problème était la difficulté à se choisir tels que nous sommes.* Dalhia *nous indiquait notre manque d'engagement, le manque de sécurité affective et le manque de valorisation.* Nous *avions de la difficulté à cesser d'attente une chimère, à cesser de rêver, de s'illusionner.*

La *difficulté restante, c'était de bâtir notre bonheur à partir de la réalité de notre couple et de notre famille.* Il *s'agissait de choisir la relation amoureuse à partir de ce que l'autre est et de ce que nous sommes vraiment.* Ce *qui nous amenait à faire un deuil concernant la possibilité de rencontrer le partenaire parfait, tant souhaité, tant rêvé et fantasmé.* Il *s'agissait maintenant de sortir de l'attente.* Parce *que pendant ce temps, nous ne nous engagions pas complètement.*

Comme je le mentionne plus haut, c'est Dahlia qui nous y ramenait, par les manifestations de ses manques : manque de sécurité affective, manque d'encadrement, manque de communication avec nous et manque de fierté à notre égard. Cela me touche tellement encore aujourd'hui. Dahlia commençait à s'en ressentir sur les plans relationnel et scolaire.

En manque de sécurité à la maison, elle cherchait ailleurs ce qui lui manquait chez nous. Ce fut un réveil brutal. Notre décision fut de nous engager encore plus, de nous choisir, dans le but d'encadrer convenablement notre fille. Nous voulions lui offrir encore plus d'amour, la valoriser et l'aider à atteindre ses objectifs. Et pour ce faire, nous devions partir de notre propre relation amoureuse ; nous devions nous aimer encore plus, se choisir, être encore plus fiers l'un de l'autre.

C'est le genre d'attitude qui ne peut se « jouer », qui part de la base du couple pour être encore plus solide et qui irradie vers les enfants.

Nous ne l'avons jamais regretté. C'est en fait ce que je vous offre dans ce livre, ce que nous avons appris ensemble, grâce à nos souffrances et à nos petits bonheurs. Dans le but de créer le couple fort et la famille unie dont vous avez besoin.

Encore une fois, mon intention n'est pas de dire que je suis mieux que les autres ; pas du tout, et je ne le crois pas non plus.

Mon intention, c'est plutôt de vous encourager à construire la vie de couple et de famille dont vous avez besoin, en tenant compte du cheminement réaliste d'un autre couple, le nôtre, celui que je connais le plus. Je vous encourage à vous regarder honnêtement, de façon objective, sans vous juger ; acceptez-vous. Sans lâcher votre rêve et vos objectifs de couple.

Chapitre 13
Texte encourageant sur le couple et la famille

LE COUPLE AMOUREUX ET ENGAGÉ COMME BASE À LA FAMILLE

Le couple amoureux et engagé comme base à la famille unie se dessine tel un chemin sinueux, à travers une forêt dense. On ne voit pas toujours clair et on ne sait pas toujours où l'on s'en va ni où ça nous mènera. C'est une aventure à écrire, au fur et à mesure du temps qui passe ; c'est aussi le un risque de souffrir par moment, mais d'être heureux aussi.

Le couple amoureux et engagé, c'est une quête basée sur plusieurs choix quotidiens ; chacun inspire l'autre et l'influence à partir de ce qu'il est. Chacun puise l'énergie et le courage nécessaires pour continuer, parfois dans ses besoins affectifs de sécurité, d'amour, de valorisation, de liberté, d'affirmation, parfois dans sa peur de perdre l'autre, d'être seul, de faire une erreur et de la regretter, parfois dans ses blessures et ses manques venant du passé. « Je n'ai pas eu de famille et j'en veux une », par exemple. Parfois remontent les rêves d'enfant où l'on se voyait en couple et en famille. On cherche l'énergie nécessaire, dans le but de faire face aux exigences et aux efforts que cela demande parfois de continuer l'aventure. Dans le but, bien sûr, de créer sa vie de couple et sa vie de famille. Là demeure notre objectif principal. Les modèles que nous avons eus et les connaissances que nous acquérons au cours de notre vie nous servent à créer ce rêve que nous portons intérieurement. Notre rêve se métamorphosera au fil de nos expériences, en fonction de la satisfaction de nos besoins affectifs, qui évolueront et influenceront nos choix et nos décisions.

Le couple amoureux et engagé comme base à la famille unie se solidifie, à la manière d'un arbre dont les racines se fraient un chemin dans la terre. Chaque jour, par la communication et les choix que nous faisons. Chaque jour, grâce à notre engagement à prendre soin l'un de l'autre. Les racines solidifient le tout, créant ainsi l'attachement tant recherché et si nourrissant. C'est la plus grande sécurité que l'on puisse trouver et se donner.

Le couple amoureux et engagé comme base à la famille unie s'appuie sur un sentiment d'attachement et de bonheur qui grandit sans cesse, tel un filet d'eau qui s'écoule pour devenir un ruisseau, une rivière, un fleuve et un océan, comme le chante Francis Cabrel.

Le couple amoureux et engagé comme base à la famille unie se crée par le dépassement et la transformation de la personnalité défensive que l'on présente souvent au monde extérieur, pour arriver à dévoiler la personne sensible et vulnérable que nous sommes intérieurement. Et ce, en toute liberté de choix, sur la base de la recherche de son bonheur, visant la satisfaction de ses besoins affectifs d'amour, de sécurité, de valorisation, d'écoute, de créativité, de liberté et d'affirmation.

Le couple amoureux et engagé favorise la famille unie grâce aux partenaires ; ces modèles serviront à créer d'autres couples amoureux et engagés.

Chapitre 14

Réflexion

À ceux qui le désirent, qui aiment réfléchir et qui en veulent encore plus, je propose un chapitre pour réfléchir. Comme exercice, je vous propose de lire les caractéristiques d'un couple fort et d'une famille unie. De vous y arrêter, dans le but de vous observer en ce qui concerne votre vécu et votre façon d'agir ; tâchez d'y réfléchir afin de changer ce que vous avez à changer. Puis, indiquez s'il s'agit d'un point que vous avez déjà travaillé, si c'est un point que vous devez développer, ou si c'est un point à améliorer. Je vous encourage même à noter quelques exemples précis.

À la suite de cela, je vous propose de vous fixer des objectifs de travail individuel, des objectifs pour le couple et des objectifs pour la famille. Vous pouvez, par exemple, classer les caractéristiques à partir de celles que vous possédez en tant que couple, et en tant que famille. Pour en prendre conscience, il s'agit de profiter des bienfaits de ces caractéristiques et d'entretenir ces façons de faire.

Puis, je vous propose de mettre les autres points à travailler en priorité. Ceux à considérer maintenant, ceux à considérer au cours des six prochains mois, et ensuite de suite. Mais ne vous mettez pas trop de pression, car cela risque de vous décourager.

Faites ainsi le tour de la liste et votre couple et votre famille en tireront des bénéfices.

Quels éléments vous caractérisent déjà ? Quels éléments devez-vous améliorer ? Et quels éléments tenez-vous particulièrement à travailler afin de solidifier votre couple et de rendre votre famille plus unie ? Je vous encourage fortement à en parler avec votre conjoint et avec vos enfants, avec discernement, ou encore en thérapie, si ce n'est avec des amis proches et peut-être avec certains membres de votre famille. Pour que vous ne vous isoliez pas. Ça aura ainsi plus d'impact dans votre vie.

CONCERNANT LE COUPLE FORT

Se parler malgré les peurs, la culpabilité :

....

....

....

Être engagé et rester engagé malgré les difficultés :

....

....

....

Donner de l'importance à ses besoins tout en tenant compte de l'autre :

....

....

....

Écouter l'autre, le valoriser, le reconnaître, l'aimer et lui accorder de l'importance :

....

....

....

Montrer à l'autre qu'on l'aime ; montrer son affection :

....

....

....

Dire et vivre sa différence avec respect, malgré le manque de confiance, la culpabilité et les peurs :

....

....

....

Être conscient des autres possibilités de relations, tout en faisant le choix de rester fidèle à nos engagements et à nos besoins affectifs envers l'autre :

....

....

....

Prendre soin l'un de l'autre ; tenir compte des zones sensibles de l'autre, de ses fragilités et de ses besoins affectifs :

....

....

....

Continuer à se réaliser individuellement et encourager l'autre à se réaliser :

....

....

....

Les besoins affectifs ont préséance sur les plaisirs individuels lorsque cela est nécessaire :

....

....

....

On encourage les projets communs :

....

....

....

Chacun est fier de l'autre :

....

....

....

Nous considérons la réalité de la vie à deux plutôt que l'idéalisation du couple :

....

....

....

Notre relation favorise la transformation positive des blessures :

....

....

....

Chacun a le souci et la capacité de se responsabiliser en regard de ses émotions et de ses attitudes :

....

....

....

Chacun continue à prendre soin de son apparence et a le souci de plaire physiquement à l'autre, dans le respect de soi :

....

....

....

CONCERNANT LA FAMILLE UNIE :

Chacun connaît son rôle, l'accepte et accepte la place de l'autre :

....

....

....

....

....

....

Nous acceptons tous les membres de notre famille tels qu'ils sont :

....

....

....

Nous sommes fiers de notre famille et de ses membres :

....

....

....

Nous accueillons les imperfections de chacun :

....

....

....

Nous nous engageons à nous parler malgré les difficultés, les contraintes, l'orgueil et les frustrations :

....

....

....

....

Nous communiquons :

....

....

....

Nous entretenons l'amour qui nous unit :

....

....

....

Nous avons des moments de rire et de plaisir :

....

....

....

Nous nous disons la vérité :

....

....

....

....

....

Nous défendons notre famille contre les menaces extérieures :

....

....

....

Nous respectons le territoire de chacun :

....

....

....

Nous faisons en sorte que le couple de parents soit un modèle pour les enfants :

....

....

....

Nous faisons en sorte que le couple de parents soit une fierté pour les enfants :

....

....

....

Nous faisons en sorte de transformer les blessures créées par la dynamique familiale en étant ouverts et souples et en communiquant :

....

....

....

....

....

....

Chapitre 15

Quatre exercices pour renforcer le couple et unir la famille

Je vous propose ici quatre exercices relationnels qui solidifient les liens affectifs. Même si vous êtes réticents à les faire, je vous propose quand même d'en choisir au moins un, et de le proposer à une personne avec laquelle vous avez envie d'aller plus loin, avec qui vous souhaitez renforcer la relation et vivre l'expérience, afin de cultiver le goût d'initier ce genre d'activités, qui renforcent le couple et qui unissent la famille.

1ER EXERCICE : LA RECONNAISSANCE

À faire en couple ou en famille. On peut greffer des personnes importantes pour nous à notre groupe. Bien sûr, ce n'est pas interdit de le faire entre amis.

Vous vous installez dans un endroit tranquille.

Au salon ou dans un autre endroit approprié à l'extérieur, un parc, dans le jardin ou dans un restaurant calme. On s'assure de ne pas être dérangés, ou le moins possible.

À tour de rôle, chaque participant nomme une qualité particulière pour chaque personne, à tour de rôle. Il donne ensuite un exemple. Prenez le temps de ressentir ce que cela vous fait vivre, et dites-le. L'autre écoute en silence, tant que vous n'avez pas terminé. S'il parle, vous lui demandez d'attendre que vous ayez terminé, même si cela passe par un moment de silence de votre part.

Donc, l'autre écoute jusqu'au bout et vérifie avec vous avant de parler si c'est bien terminé.

Maintenant, il s'exprime à son tour, en prenant le temps de dire lui aussi ce que cela lui fait vivre de vous entendre.

Pour terminer cette première étape, la personne qui s'est exprimée achève en disant ce que cela lui a fait vivre.

Puis, elle recommence avec une autre personne présente.

Lorsqu'elle a fait le tour des personnes présentes, c'est le tour d'une autre personne de s'exprimer.

À la fin, on discute ensemble et l'on se dit comment on a vécu cette expérience.

Je propose de faire cet exercice au moins une fois par année, d'en faire un rituel. Par exemple, nous, nous le faisons au souper de Noël, en y intégrant des variantes.

2^E^ EXERCICE : LE PARTAGE DES OBJECTIFS PERSONNELS

Voici un autre exercice à faire en couple ou en famille. On peut greffer des personnes importantes pour nous à notre groupe. Bien sûr, ce n'est pas interdit de faire cet exercice entre amis. C'est un exercice que je vous propose de faire en fin ou en début d'année.

Vous vous installez encore une fois dans un endroit tranquille.

À tour de rôle, chacune des personnes exprime aux autres ce qu'elle s'était fixé comme objectifs au cours de l'année qui vient de passer et elle parle aussi du résultat de ses démarches. Ensuite, elle exprime ses objectifs pour l'année à venir et ajoute un exemple. Vous faites cet exercice en prenant le temps de ressentir et de dire ce que cela vous fait vivre. Les autres écoutent en silence, tant que vous n'avez pas terminé. S'il y a des gens qui vous interrompent, vous leur demandez d'attendre que vous ayez terminé.

Les autres écoutent jusqu'au bout, en souhaitant que vous réussissiez, et vérifient avec vous, avant de parler, si vous avez bien terminé.

Maintenant, chacun vous signifie qu'il souhaite que vous réussissiez.

Puis, c'est le tour d'une autre personne.

À la fin, on discute ensemble de la façon dont on a vécu cette expérience.

Je vous propose de faire cet exercice une à deux fois par année et d'en faire un rituel. Par exemple, nous, nous le faisons en début d'année.

3ᴱ EXERCICE : L'EXPRESSION D'UN MALAISE

En suivant la méthode de communication décrite au chapitre deux, je vous propose de faire cet exercice au besoin, sinon au moins une fois par mois, pour vous assurer de ne pas laisser traîner des malaises qui mineront la relation amoureuse ou familiale. Sinon, c'est l'amour qui vous unit qui diminuera, et la relation se détériorera.

Contrairement aux deux autres exercices, celui de l'expression d'un malaise se fait deux par deux, et pas en présence des autres, à moins d'une grande difficulté de communication entre les deux personnes (on demande alors la présence d'un *médiateur* pour gérer la communication). Ce n'est pas impossible de le faire en famille, mais c'est plus difficile à gérer. Si tel est le cas, les autres doivent être discrets et le plus attentifs possible.

Encore une fois, vous vous installez dans un endroit tranquille.

Puis, la personne qui demande à être entendue est identifiée en tant qu'*émetteur*, et l'autre, en tant que *récepteur*. Vous vous exprimez en prenant le temps de ressentir ce que cela vous fait vivre. Puis, vous prenez le temps d'exprimer votre malaise. L'autre écoute en silence, tant que vous n'avez pas terminé. S'il parle, vous lui demandez d'attendre que vous ayez complètement terminé, même si cela passe par un moment de silence de votre part.

L'autre écoute jusqu'au bout et vérifie avec vous avant de parler si c'est bien terminé.

D'abord, le *récepteur* répète ce qu'il a entendu de façon objective, sans dire ce qu'il en pense, sans dire ce que ça lui fait vivre ni en parlant de ses propres malaises. Il est d'abord là pour écouter l'autre.

Puis, l'*émetteur* dit s'il a été bien entendu, et s'il a besoin d'ajouter quelque chose.

Maintenant, le *récepteur* s'exprime à son tour en disant ce que cela lui a fait vivre.

Pour terminer, l'*émetteur* termine cet échange.

Puis, on arrête là.

Si la personne qui a été le *récepteur* ressent le besoin d'exprimer un malaise à son tour, elle doit s'assurer que l'autre est disponible ; sinon, on se donne un rendez-vous pour le faire à un autre moment.

4E EXERCICE : L'EXPRESSION D'UNE APPRÉCIATION

Je vous propose de faire cet exercice au moins une fois par semaine, afin que vous l'intégriez et puissiez ensuite facilement exprimer une appréciation à l'autre.

Vous prenez d'abord le temps de ressentir quelque chose que vous appréciez chez l'autre. Puis, vous vous dirigez vers cette personne pour lui en faire part ; vous vous assurez que l'autre a bien entendu. Puis, vous vérifiez *comment* l'autre reçoit cela, s'il apprécie ce qu'il a entendu. N'ayez pas d'attentes exagérées, mais ayez le souci de vous sentir bien au sein de la relation ; accordez de la valeur à ce que vous venez de dire à l'autre.

La personne qui écoute doit s'assurer d'avoir bien entendu ce que l'autre lui a dit ; elle exprime ensuite ce que cela lui fait vivre et prend le temps de dire merci.

Comme je vous le disais, c'est une habitude à prendre en couple et en famille.

J'espère que vous profiterez des résultats de ces quatre exercices et que ça renforcera votre relation amoureuse et que ça unira les membres de votre famille.

Conclusion

La vie de couple et la vie de famille sont deux dimensions de la vie qui sont à la base de nos besoins affectifs d'amour, de sécurité, de valorisation, d'affirmation, d'écoute, d'acceptation et de liberté. En prendre soin, et faire en sorte que ce soit satisfaisant et agréable, ça nous donne une base solide qui nous aide à créer le reste de notre vie. S'investir dans sa relation de couple et dans sa vie de famille, ça vaut la peine. De toute façon, si l'on ne met pas le temps nécessaire à la réussite de ces deux dimensions, la souffrance, le déséquilibre et les manques que cela nous fera vivre nous demanderont autant sinon plus de temps, de souffrances et d'argent. Un couple fort et une famille unie, c'est une vie heureuse et épanouie.

La famille s'appuie sur le couple pour sa solidité,
tel le temple sur ses piliers.

Bien sûr, la réalité, c'est que la vie de couple comporte des difficultés, des défis vraiment exigeants parfois. Ma blonde, qui parcourt les plus hauts sommets du monde entier en tant que guide, et particulièrement au Népal, car elle se spécialise dans les montagnes de l'Himalaya, me dit depuis plusieurs années à quel point elle aimerait que je connaisse le camp de base du mont Everest, que je rencontre les Népalais – et particulièrement le peuple sherpa. Elle me dit que c'est le peuple qui l'impressionne le plus. Je l'écoute, puis je lui réponds ceci, mi-blagueur, mi-sérieux :

« Mon Everest, mon amour, c'est toi. Mon défi d'ascension, c'est la réussite de notre vie amoureuse. »

Pour moi, être en couple, c'est une chose, mais être heureux en couple, c'est un défi de taille. C'est mon objectif et ça l'a toujours été. Pourquoi ? C'est la base du reste de ma vie ; si là ça va, alors j'ai l'énergie pour me construire ailleurs, dans les autres facettes de ma vie.

C'est ce que je vous ai proposé comme objectif dans ce livre. C'est-à-dire non seulement d'être en couple, mais d'être *heureux* en couple. Cela demande non seulement de l'amour et du désir, mais de l'investissement ; il faut faire des choix, il faut s'engager, communiquer, se responsabiliser, se conscientiser, s'affirmer de façon non défensive et être empathique, et tout cela, au quotidien.

Je tiens aussi à vous rappeler ma mise en garde du début, concernant les deux écueils importants par rapport à toute forme d'enseignement, soit la fermeture et le fanatisme. Il faut s'ouvrir pour construire une vie amoureuse et familiale qui ne cessera de s'améliorer et de tendre vers le bonheur dont vous avez besoin. Le fanatisme, pour sa part, c'est perdre toute forme de discernement. Je vous rappelle que les enseignements proposés dans ce livre nécessitent que vous fassiez preuve de discernement, afin que vous réussissiez à appliquer tout cela dans votre vie. Vous demeurez et demeurerez toujours la meilleure personne pour appliquer ces règles d'hygiène relationnelle dans votre vie.

Il s'agit d'avoir une vie de couple toujours plus heureuse, dont les moments de bonheur sont plus nombreux que les moments de souffrances. C'est ce que je vous souhaite ! Et c'est possible ! Car c'est le cas de nombreux couples.

Maintenir un couple en santé, c'est l'art de conserver une distance psychologique par l'affirmation des différences de chacun des partenaires et par l'expression des non-dits, à l'intérieur d'un cercle de sécurité affective entourant les partenaires du couple, par l'engagement, le choix et la communication, tout en initiant des rencontres intimes et ponctuelles, pour maintenir l'amour vivant.

Au plaisir de se rencontrer !

Yvan Phaneuf TRA, DESA

Bibliographie

CORNEAU, Guy. *L'amour en guerre*, Montréal, Les Éditions de l'Homme, 1996, 253 p.

HENDRIX, Harville. *Le défi du couple*, Laval, Les Éditions Modus Vivendi, 1994, Laval, 305 p.

LANGIS, Pierre. *Au cœur des relations intimes*, Montréal, Les Éditions du Méridien, 1991, 289 p.

PHANEUF, Yvan. *Les Masques des hommes, comment et pourquoi cachent-ils leurs émotions* ? Drummondville, Les Éditions Dahlia, 2000, 225 p.

PHANEUF, Yvan. Devenir un homme vrai, plutôt qu'un vrai homme, Montréal, Les Éditions du CRAM, 2009, 256 p.

PORTELANCE, Colette. *Aimer sans perdre sa liberté*, Montréal, Les Éditions du CRAM, 2003, 249 p.

PORTELANCE, Colette. *La Liberté dans la relation affective*, Montréal, Les Éditions du CRAM, 1996, 283 p.

PORTELANCE, Colette. *Relation d'aide et amour de soi*, Montréal, Les Éditions du CRAM, 1990, 409 p.

REID, Claire. *Êtes-vous fusionnel ou solitaire ? Le nouveau couple*, Saint-Zénon, Louise Courteau éditrice, 2003, 215 p.

VIDAL-GRAF, Serge. *La colère, cette émotion mal aimée*, Genève, Éditions Jouvence, 2007, 91 p.

VIDAL-GRAF, Serge. *Mais tu ne m'avais jamais dit ça* ! Genève, Éditions Jouvence, 1998, 174 p.

Table des matières

La première édition
du présent ouvrage publié par
Les Éditions du CRAM
a été achevée d'imprimer
au mois d'août de l'an 2009
sur les presses des Imprimeries
Transcontinental (Gagné)
à Louiseville (Québec).